COLEÇÃO
INTERAÇÕES

Interações:
raízes históricas brasileiras

Blucher

COLEÇÃO

INTERAÇÕES

Ana Maria Bergamin Neves

Interações: raízes históricas brasileiras

Josca Ailine Baroukh
COORDENADORA

Maria Cristina Carapeto Lavrador Alves
ORGANIZADORA

Interações: raízes históricas brasileiras

© 2012 Ana Maria Bergamin Neves

Editora Edgard Blücher Ltda.

Capa: Alba Mancini

Foto: Editora Blucher

Blucher

Rua Pedroso Alvarenga, 1.245, 4º andar
04531-012 – São Paulo – SP – Brasil
Tel.: 55 (11) 3078-5366
editora@blucher.com.br
www.blucher.com.br

Segundo Novo Acordo Ortográfico, conforme 5. ed.
do *Vocabulário Ortográfico da Língua Portuguesa*,
Academia Brasileira de Letras, março de 2009.

É proibida a reprodução total ou parcial por quais-
quer meios, sem autorização escrita da Editora.

Todos os direitos reservados pela
Editora Edgard Blücher Ltda.

Ficha catalográfica

Neves, Ana Maria Bergamin
   História / Ana Maria Bergamin Neves; Josca
Ailine Baroukh, coordenadora; Maria Cristina
Carapeto Lavrador Alves, organizadora. -- São
Paulo: Blucher, 2012. -- (Coleção InterAções)

Bibliografia
ISBN 978-85-212-0665-1

   1. História (Ensino fundamental) I. Baroukh,
Josca Ailine. II. Alves, Maria Cristina Carapeto
Lavrador. III. Título. IV. Série.

12-02505	CDD-372.89

Índices para catálogo sistemático:
1. História: Ensino fundamental   372.89

Para
Manuela, Carolina e Isabel

Nota sobre a autora

Ana Maria Bergamin Neves é graduada em História e licenciada pela Universidade de São Paulo. Professora de História e Orientadora Pedagógica do Ensino Médio na rede particular de ensino em São Paulo. Autora da Coleção Brasiliana de História 1º ao 5º ano – Companhia Editora Nacional. Autora do livro "Os Povos da América" da Coleção História em Documentos da Atual Editora. Assessora na área de História a professores do Ensino Fundamental. Membro do Júri do Prêmio Professores do Brasil – 3ª edição promovido pelo MEC em 2009.

Apresentação

Educar é interagir, é agir **com o outro**, o que acarreta necessariamente a transformação dos sujeitos envolvidos na convivência. Foi esta a ideia que elegemos para nomear a coleção InterAções. Acreditamos que ensinar e aprender são ações de um processo de mão dupla entre sujeitos, que só terá significado e valor quando alunos e professores estiverem questionando, refletindo, refazendo, ouvindo, falando, agindo, observando, acolhendo e crescendo juntos.

Com base nessa premissa, convidamos autores e professores. Professores que conhecem o chão da sala de aula, que passam pelas angústias das escolhas para qualificar as aprendizagens das crianças, seus alunos. Professores que, em sua grande maioria, também são coordenadores de formação de grupos de professores, conversam com professores e, portanto, conhecem o que os aflige.

A esses autores, pedimos que estabelecessem um diálogo escrito sobre temas inquietantes em suas áreas de atuação. Temas que geram muitas dúvidas sobre o que, como e quando ensinar e avaliar. Temas recorrentes que, se abordados do ponto de vista de novos paradigmas educacionais, podem contribuir para a ação, reflexão e inovação das práticas de professores da Educação Infantil e do Ensino Fundamental I.

Apresentamos nesta coleção situações de interação entre professores e crianças: exemplos, sugestões pedagógicas e reflexões. Pontos de partida para o professor repensar sua prática e proporcionar a seus alunos oportunidades de se sentirem e serem protagonistas de suas aprendizagens. Acreditamos ser importante que o professor questione sua rotina e construa um olhar apurado sobre as relações cotidianas. Estranhar o natural estimula a criatividade, a inovação, o agir. E assim, é possível ir além do que já se propôs no ensino desses temas até o momento.

Nosso intuito é compartilhar as descobertas geradas pelo movimento de pesquisa, reflexão e organização do conhecimento na escrita dos autores. E proporcionar ao professor leitor a experiência de um "olhar estrangeiro", de viajante que se deslumbra com tudo e que guarda em sua memória os momentos marcantes, que passam a fazer parte dele. Queremos animar em nosso leitor a escuta atenta e estimular suas competências técnicas, estéticas, éticas e políticas, como tão bem explica Terezinha Azeredo Rios.

Em meio às dificuldades de ser professor na contemporaneidade, os profissionais da educação persistem na criação de planejamentos e ações que promovam as aprendizagens de seus alunos. Aos desafios, eles apresentam opções e são criativos. É para esses profissionais, professores brasileiros, e para seus alunos, que dedicamos nossa coleção.

Boa leitura!

Josca Ailine Baroukh

Sumário

Introdução 13

1 Por que ensinar História para as crianças? 19

    1.1   A importância do planejamento 21

    1.2   A avaliação da aprendizagem em História 23

2 Quais são os conceitos básicos no ensino e aprendizagem de História? 27

    2.1   Abordagens para o estudo de História 28

    2.2   Tempo histórico 38

    2.3   Processo histórico 43

    2.4   Sujeito histórico 45

    2.5   Cultura e identidade cultural 46

3 Que estratégias usar para o ensino de História? 49

    3.1   A narrativa histórica 50

    3.2   O diálogo na sala de aula e a produção coletiva . 53

    3.3   Leitura e escrita 58

    3.4   Leitura de imagens 59

    3.5   Registro das aprendizagens por meio do desenho 67

4 **Como trabalhar com a temática indígena?** 69

    4.1   Traços de cultura 76

5 **Como trabalhar com o tema da cultura afro-brasileira na sala de aula?** 91

    5.1   A população brasileira e a África 93

    5.2   O tráfico de escravos para o Brasil 98

6 **Considerações finais** 105

Referências bibliográficas 107

Introdução

> Ser membro da consciência humana é situar-se com relação a seu passado.
>
> *Eric Hobsbawm*

O ensino de História é um dos desafios colocados para o professor dos anos iniciais do Ensino Fundamental. Afinal, por que ensinamos História para as crianças? O grande historiador Hobsbawm, ao referir-se ao papel do passado para a formação da consciência coletiva da humanidade, nos apresenta um sentido para o trabalho que desenvolvemos na formação escolar de nossas crianças e jovens. Não é apenas por curiosidade pelo que já passou que nos dedicamos à História. O fato é que, o estudo do passado nos remete ao compartilhamento da nossa cultura, e nos aproxima.

A construção das identidades sociais, que permitem ao sujeito reconhecer-se enquanto membro de sua comunidade, é uma das características da formação escolar ao longo do Ensino Fundamental. Os estudos históricos são peças-chave no processo de formação das crianças para a vida social, e seu objetivo é levar o indivíduo a se perceber enquanto sujeito e agente da História, pertencente a uma sociedade em constante transformação, mas que tem tradições. A escola deve promover as condições para que o aluno possa identificar as relações que se estabelecem nos diferentes grupos sociais de que faz parte – as diversas relações de parentesco na família; as relações entre colegas e entre professor e aluno, que são próprias da escola; as relações de cooperação presentes no time de futebol ou em outros esportes coletivos; a identidade religiosa promovida pela religião que se pratica na igreja etc.

O processo de construção da identidade social que permite ao aluno reconhecer-se enquanto sujeito da História se inicia nos anos iniciais do Ensino Fundamental e se desenvolve paralelamente ao processo de aquisição da leitura e da escrita, ao longo do percurso da escola básica.

Ao trabalhar com a História, o professor deve estar atento ao papel que essa disciplina desempenha na formação geral dos alunos, sobretudo no que se refere à elaboração oral dos alunos sobre os conteúdos tratados em aula, à ordenação das narrativas históricas e ao reconhecimento da importância das trocas de ideias e informações que ocorrem na interação entre os próprios alunos, mediados pelo professor. Outras competências que se constroem por meio dos estudos de História estão relacionadas à leitura do mundo como um todo. Segundo Paulo,

> "[...] a leitura do mundo precede a leitura da palavra, daí que a posterior leitura desta não possa prescindir da continuidade da leitura daquele. Linguagem e realidade se prendem dinamicamente. A compreensão do texto a ser alcançada pela leitura crítica implica a percepção das relações entre o texto e o contexto." (FREIRE, 2001, p. 11)

A leitura de mundo pode ser abordada com os alunos por meio da leitura de imagens, da representação de conceitos por meio da produção de imagens por parte dos alunos, e de tantos outros meios de representação que abordaremos a seguir. É fundamental que os alunos saiam da escola com instrumentos de leitura do mundo, para que, além de interpretá-lo, sejam capazes de agir para transformá-lo.

O historiador e professor da Universidade Federal de Goiás, Holien Gonçalves Bezerra, ao refletir sobre os conteúdos básicos a serem ensinados aos alunos do Ensino Fundamental, aponta:

Introdução

> "Importa tentar perceber quais são os conceitos imprescindíveis para que os alunos saídos da escola básica tenham uma formação histórica que os auxilie em sua vivência como cidadãos" (apud KARNAL, 2003, p. 41).

Ele apresenta um levantamento de conceitos que considera fundamentais para a formação escolar, aqueles que permitem pensar historicamente: **História**, **Processo Histórico**, **Tempo** (temporalidade histórica), **Sujeito histórico** e **Cultura**.

Em minha experiência em sala de aula, o grande desafio enquanto professora tem sido encontrar maneiras de apresentar esses conceitos de forma que possam ser compreendidos por alunos de pouca idade. Essa apresentação se torna possível e eficiente quando o professor compreende o sentido daquilo que ensina e percebe os desdobramentos que esses conteúdos terão na progressão da escolaridade do aluno. Afinal, nenhum professor sozinho fará a formação de um estudante. É na longa permanência na escola que o aluno constrói o conhecimento histórico. É fundamental que a escola garanta um trabalho pedagógico que permita ao aluno:

- compreender os conceitos e as relações entre os fatos e os sujeitos históricos ao longo do tempo;

- perceber as semelhanças e diferenças entre as diversas localidades e povos;

- entender as permanências e transformações sociais, culturais, éticas e econômicas;

- desenvolver a habilidade de estabelecer comparações e de identificar características culturais relacionadas ao tempo histórico.

Nessa perspectiva, o professor dos anos iniciais é aquele que semeia os conceitos, que propõe e inicia a prática do pensamento histórico junto a seus alunos. Ao longo da escola básica, o aluno irá desenvolver e amadurecer sua compreensão dos conceitos relacionados à História e às ciências humanas, uma vez que tem, pela frente, vários anos de estudos de História, além de

Geografia e, até o final do Ensino Médio, Filosofia e Sociologia. É um processo que vai se ampliando e aprofundando, pois segundo Vygotsky (1989, p. 50),

"[...] o desenvolvimento dos processos que finalmente resultam na formação de conceitos começa na fase mais precoce da infância, mas as funções intelectuais que, em uma combinação específica, formam a base psicológica do processo da formação de conceitos amadurece, se configura e se desenvolve somente na puberdade. Antes dessa idade, encontramos determinadas formações intelectuais que realizam funções semelhantes àquelas dos conceitos verdadeiros, ainda por surgir. No que diz respeito à composição, estrutura e operação, esses equivalentes funcionais dos conceitos têm para com os conceitos verdadeiros, uma relação semelhante à do embrião com o organismo plenamente desenvolvido. Equiparar os dois significa ignorar o prolongado processo de desenvolvimento entre o estágio mais inicial e o estágio final."

Ainda devemos considerar que, além da compreensão desses conceitos básicos, há outro objetivo relacionado ao ensino de História, que Circe Bittencourt (2011, p. 122) definiu como *formação intelectual*:

"A formação intelectual pelo ensino da disciplina ocorre por intermédio de um compromisso de criação de instrumentos cognitivos para o desenvolvimento de um "pensamento crítico", o qual se constitui pelo desenvolvimento da capacidade de observar e descrever, estabelecer relações entre presente – passado – presente, fazer comparações e identificar semelhanças e diferenças entre a diversidade de acontecimentos no presente e no passado."

Introdução

Nessa perspectiva, apresenta-se para o professor uma nova questão: como introduzir o trabalho de aproximação do aluno com tais habilidades que estão diretamente relacionadas aos conceitos complexos que fundamentam a formação do pensamento histórico?

Buscamos, neste livro, oferecer uma formulação para a definição desses conceitos, apontados como fundamentais para o trabalho com a História na sala de aula, e apontar algumas estratégias de trabalho com os alunos que podem favorecer o desenvolvimento dessas habilidades e capacidades relacionadas ao desenvolvimento de um pensamento crítico.

Além disso, compartilhamos reflexões acerca do ensino de História e dos desafios que a sala de aula nos coloca. Buscamos trabalhar com as questões que costumam se colocar para os professores dos anos iniciais, geralmente polivalentes, os quais, muitas vezes, se sentem inseguros diante dos conteúdos de História, e se questionam: quais são os conteúdos mais adequados para o ensino de História? Que métodos de ensino são mais adequados para essa faixa etária?

Diante dessas questões, ao longo dos capítulos, trabalhamos tanto com o campo conceitual quanto com as metodologias próprias dos estudos históricos. Fizemos ainda um levantamento das estratégias de ensino que podem ser pensadas para o trabalho com esses conteúdos nesse segmento escolar.

O primeiro capítulo traz uma reflexão sobre o desafio de ensinar História e o sentido dos estudos históricos na escola, especialmente nos anos iniciais. O segundo capítulo apresenta um levantamento dos conceitos fundamentais envolvidos no ensino de História; nesse capítulo, definimos esses conceitos, de modo a auxiliar o professor na definição dos objetivos de seu trabalho com os alunos. O terceiro capítulo é dedicado à discussão metodológica e à análise de estratégias em sala de aula que favorecem o desenvolvimento da relação de ensino-aprendizagem.

Os dois últimos capítulos foram dedicados a temas centrais no currículo das escolas brasileiras: a temática indígena e das culturas afro-brasileiras. Oferecemos sugestões para o encaminhamento do trabalho em sala de aula, tanto no que se refere ao levantamento de conteúdos adequados para o trabalho com a faixa etária em questão, quanto com a sugestão de estratégias e atividades que podem ser utilizadas em sala de aula.

Ao longo dos capítulos, você também encontrará algumas "sugestões de atividades", que podem ser levadas para a sala de aula ou servir de incentivo para que outras propostas possam ser elaboradas pelos professores.

1 Por que ensinar História para as crianças?

> Do ponto de vista do ensino da História, a compreensão da história poderia ser definida da seguinte maneira: como fazer com que as crianças ou os jovens possam visitar este estranho país chamado passado?
>
> *Mario Carretero*

História é o estudo do passado, daquilo que comprovadamente já aconteceu. Quando nos perguntamos sobre o sentido do ensino de História na escola, estamos também nos perguntando sobre por que nos interessamos pelo passado, e qual é o passado que nos interessa ensinar às nossas crianças. E esse pensamento não diz respeito apenas ao professor, mas é também ele que origina as definições curriculares pensadas pelas autoridades responsáveis pelas políticas públicas em nosso país, bem como às discussões curriculares que acontecem no interior da escola e que envolvem a equipe pedagógica como um todo.

Segundo o estudioso espanhol Mario Carretero (1997, p. 80),

> "compreender a História significa poder estabelecer relações de influência, tanto de alguns fatos com outros em um mesmo tempo como de alguns fatos com outros ao longo do tempo".

Esse interesse pelo passado está relacionado à necessidade de compartilhar a cultura com as crianças, transmitindo a elas saberes e valores desenvolvidos e compartilhados pela sociedade na qual estamos inseridos. Além desse aspecto, precisamos considerar, ainda, que os alunos devem ser capazes de entender a História como conhecimento, como experiência e prática de cidadania.

Ao se ocupar do passado, a História trabalha com o tempo, mas vai além dele. A História, ao ser entendida como uma ciência social, também tem como matéria-prima a análise das relações sociais, das interações entre as pessoas e dos grupos sociais dos quais elas fazem parte. Segundo os Parâmetros Curriculares Nacionais (1997), o ensino de História deve ser pensado de modo a considerar a relação entre o particular e o geral, tanto no que se refere ao indivíduo e sua ação, seu papel em sua localidade e sua cultura, quanto no que diz respeito às relações entre uma localidade específica, a sociedade nacional e o mundo.

Outro aspecto importante salientado pelos Parâmetros Curriculares Nacionais (PCN) é a questão do "outro", da alteridade, que possibilita a construção das noções de semelhanças e diferenças. O documento ressalta a importância da

> "[...] compreensão do "eu" e a percepção do "outro", do estranho, que se apresenta como alguém diferente. Para existir a compreensão do "outro", os estudos devem permitir a identificação das diferenças no próprio grupo de convívio, considerando os jovens e os velhos, os homens e as mulheres, as crianças e os adultos, e o "outro" exterior, o "forasteiro", aquele que vive em outro local. Para existir a compreensão do "nós", é importante a identificação de elementos culturais comuns no grupo local e comum a toda a população nacional e, ainda, a percepção de que outros grupos e povos, próximos ou distantes no tempo e no espaço, constroem modos de vida diferenciados" (MEC, 1997, p. 22).

Essa distinção entre o "nós" e o "outro" envolve também a percepção de que aqueles que viveram em outros tempos também constituem "outros", cujas culturas são diferentes da "nossa". Pensado dessa maneira, o aprendizado de História se apresenta ao aluno como fundamental para a constituição de sua identidade coletiva. Ainda segundo os Parâmetros Curriculares Nacionais,

"[...] o conhecimento do "outro" possibilita, especialmente, aumentar o conhecimento do estudante sobre si mesmo, à medida que conhece outras formas de viver, as diferentes histórias vividas pelas diversas culturas, de tempos e espaços diferentes. Conhecer o "outro" e o "nós" significa comparar situações e estabelecer relações e, nesse processo comparativo e relacional, o conhecimento do aluno sobre si mesmo, sobre seu grupo, sobre sua região e seu país aumenta consideravelmente" (MEC, 1997, p. 22).

1.1 A importância do planejamento

É diante desses pressupostos básicos que o professor dos anos iniciais da escola irá planejar o trabalho com os conteúdos de História a serem desenvolvidos com seus alunos. Para pensar nessa tarefa de planejar o trabalho, vamos considerar a existência de duas dimensões que se complementam: de um lado, temos um conjunto de conceitos que devem estar bem compreendidos pelo professor para que possam ser debatidos e elaborados pelos alunos; de outro, temos questões metodológicas, que envolvem recursos didáticos e formas de trabalho na sala de aula, que precisam ser muito bem pensados quando trabalhamos com alunos pequenos, cuja capacidade de elaboração abstrata de conceitos está em desenvolvimento. Devemos, ainda, levar em conta que a própria experiência escolar dos alunos modifica sua condição de apreensão dos conteúdos, o que torna bastante diferente o trabalho com os anos iniciais, nos quais está em processo a aquisição da leitura e da escrita e os anos finais – sobretudo o quarto e o quinto – nos quais os alunos já têm um bom domínio da linguagem escrita e desenvolvem raciocínios cada vez mais complexos.

O planejamento é fundamental para assegurar o bom andamento do trabalho. Ao planejar o que fará com seus alunos, o professor cria condições para pesquisar os temas que serão abordados, buscar fontes, selecionar material e, assim, organizar aulas em que possa promover debates entre seus alunos, bem como o levantamento de hipóteses, além da elaboração de sínteses e registros das descobertas e conclusões.

Como ensinar?

Muitas estratégias de ensino podem ser utilizadas nas aulas de História de modo a favorecer a aproximação dos alunos com os conceitos, tais como dramatizações, exibição de filmes, leitura de textos literários relacionados aos temas trabalhados – poemas, canções, histórias infantis – produção de desenhos e cartazes. Outras propostas podem ser feitas por meio de construções com sucata que ajudem a entender conceitos e procedimentos trabalhados, tais como relógio de sol, ampulhetas, os diferentes calendários, registro da rotina da sala de aula – todos eles relacionados às formas de medição e registro da passagem do tempo.

Outras estratégias também devem ser consideradas para a aprendizagem de procedimentos importantes na formação do pensamento histórico e o desenvolvimento de habilidades, tais como a leitura de imagens, o registro de informações a partir de filmes e áudios e a realização de entrevistas.

Convidar pessoas da comunidade que possam contribuir com a exploração e ampliação de temas trabalhados na escola para uma conversa com os alunos ou realizar gravações em áudio de histórias de habitantes mais idosos são excelentes estratégias para o trabalho com o registro e a compreensão do conceito de "documento histórico".

A orientação de pesquisas sobre temas trabalhados também é um recurso importante para a busca e a sistematização de informações. Outro recurso de pesquisa bastante usado no ensino de História é a realização de estudos do meio, por meio dos quais podem ser exercitadas as habilidades de observação, entrevistas, registro fotográfico, filmagens, análise de utensílios e vestimentas, entre outros.

1.2 A avaliação da aprendizagem em História

Outro grande desafio que se coloca para o professor é a avaliação da aprendizagem de seus alunos. Ao planejar o ensino, é importante que os objetivos sejam claros e bem definidos, de modo que o professor possa acompanhar o desenvolvimento das aprendizagens de seus alunos e os avanços e dificuldades apresentados individualmente por eles. Tal acompanhamento detalhado das aprendizagens dos alunos possibilita ao professor avaliar sua própria prática, observar como as atividades propostas aos estudantes foram recebidas, e pensar em outras que ainda pode oferecer para ampliar o repertório.

A avaliação é parte importante do processo de ensino-aprendizagem e uma de suas finalidades é criar condições para que o professor possa adequar sua intervenção pedagógica para que os alunos avancem continuamente em suas aprendizagens. Há muitas concepções de avaliação existentes – tantas quantas concepções de ensino e de aprendizagem – e é importante que o professor busque a adequação entre a concepção de ensino e aprendizagem que norteia sua atuação profissional e suas práticas de avaliação, sempre lembrando que a aprendizagem (e, portanto, o ensino), são processuais.

Os Parâmetros Curriculares Nacionais definem como objetivos para o ensino de História nos anos iniciais do Ensino Fundamental:

- identificar o próprio grupo de convívio e as relações que estabelecem com outros tempos e espaços;

- organizar alguns repertórios histórico-culturais que lhes permitam localizar acontecimentos numa multiplicidade de tempo, de modo a formular explicações para algumas questões do presente e do passado; conhecer e respeitar o modo de vida de diferentes grupos sociais, em diversos tempos e espaços, em suas manifestações culturais, econômicas, políticas e sociais, reconhecendo semelhanças e diferenças entre eles;

- reconhecer mudanças e permanências nas vivências humanas, presentes na sua realidade e em outras comunidades, próximas ou distantes no tempo e no espaço; questionar sua realidade, identificando alguns de seus problemas e refletindo sobre algumas de suas possíveis soluções, reconhecendo formas de atuação política institucionais e organizações coletivas da sociedade civil;

- utilizar métodos de pesquisa e de produção de textos de conteúdo histórico, aprendendo a ler diferentes registros escritos, iconográficos, sonoros; valorizar o patrimônio sociocultural e respeitar a diversidade, reconhecendo-a como um direito dos povos e indivíduos e como um elemento de fortalecimento da democracia (MEC, 1997, p. 28).

É necessário salientar que essas aprendizagens não ocorrerão todas de uma vez e, portanto, será preciso avaliar seu avanço ao longo do percurso dos alunos no Ensino Fundamental. Devemos lembrar também que não trabalhamos todos esses objetivos simultaneamente e, portanto, é preciso identificar e eleger quais são os objetivos de cada etapa do trabalho, o que buscamos com cada proposta que oferecemos aos nossos alunos, para que o foco das nossas ações seja coerente com a avaliação.

Ao mesmo tempo, é preciso considerar que a aprendizagem escolar também tem uma dimensão coletiva. Ao planejar o trabalho a ser desenvolvido com seu grupo de alunos, o professor deve buscar formas de avaliação capazes de informá-lo sobre o desenvolvimento das aprendizagens de cada aluno, bem como sobre o conjunto dos alunos que compõem a sala de aula. Somente assim será possível ao professor replanejar seu trabalho ao longo do ano letivo, adequando-o às metas estabelecidas.

Dentre os vários modelos de avaliação presentes nas escolas atualmente, a *avaliação formativa* possibilita uma boa aproximação entre o professor e seus alunos. Segundo Antoni Zabala:

"A tomada de posição em relação às finalidades do ensino, relacionada a um modelo centrado na formação integral da pessoa, implica mudanças fundamentais, especialmente

> nos conteúdos e no sentido da avaliação. Além do mais, quando na análise da avaliação introduzimos a concepção construtivista do ensino e a aprendizagem como referencial psicopedagógico, o objeto da avaliação deixa de se centrar exclusivamente nos resultados obtidos e se situa prioritariamente no processo de ensino/aprendizagem, tanto do grupo/classe como de cada um dos alunos. Por outro lado, o sujeito da avaliação não apenas se centra no aluno, como também na equipe que intervém no processo" (ZABALA, 1998. p.198).

Um esquema de avaliação formativa pode ser pensado a partir de uma sequência de ações que envolvem: avaliação inicial para o levantamento dos conhecimentos dos alunos com relação aos conteúdos, planejamento do trabalho a ser desenvolvido com os alunos, adequação do plano de trabalho em função das respostas apresentadas pelos alunos, avaliação final e uma análise do processo que possibilite o estabelecimento de novas propostas de intervenção.

O acompanhamento individual da produção dos alunos no dia a dia é uma forma eficiente de verificar como os conceitos estão sendo compreendidos e como as habilidades de pensamento estão se desenvolvendo. Ao conhecer muito de perto os processos de aprendizagem de seus alunos, o professor pode oferecer uma variedade de caminhos e reorganizar o trabalho a partir das deficiências e acertos que identifica em sua prática de ensino. Isto significa, também, que a coleta de dados não ocorre de uma única forma: a prova escrita. Ao contrário, se o professor sabe que cada aluno aprende em seu ritmo e tem suas habilidades, oferecer vários caminhos para a aprendizagem implica oferecer várias formas de avaliação: apresentações orais, produção de imagens, fotografias, dramatizações, trabalhos escritos, entre outras possibilidades.

É preciso lembrar, ainda, que os momentos de avaliação formal – provas, entrega de trabalhos para atribuição de notas e conceitos etc. – têm importância também para os alunos, uma vez que nesses momentos o estudante recebe um retorno formal de sua aprendizagem e, em alguma medida, de seu sucesso ou insucesso na escola.

Quando compartilhamos com nossos alunos as metas de aprendizagem que definimos e buscamos envolvê-los diretamente no processo de avaliação, criamos uma condição favorável para o trabalho com os erros (ou conhecimentos parciais) e para o desenvolvimento de uma aprendizagem significativa.

Nos anos iniciais da escola, é muito importante cuidar das formas de informação da avaliação que damos aos estudantes, para que os alunos compreendam seus erros e seus acertos, e sejam estimulados a rever suas ações e participação nas aulas. O professor deve estimular o avanço de seus alunos, apontando os caminhos que devem ser buscados por eles para a melhoria de seu trabalho, para o aperfeiçoamento de suas aprendizagens, ao mesmo tempo em que redireciona suas ações pedagógicas.

Ainda segundo Zabala, o professor precisa considerar a diversidade existente entre os alunos ao planejar os objetivos, os conteúdos e as formas de ensinar. Para esse autor,

> "O conhecimento do que cada aluno sabe, sabe fazer e como é, é o ponto de partida que deve nos permitir, em relação aos objetivos e conteúdos de aprendizagem previstos, estabelecer o tipo de atividades e conteúdos de aprendizagem previstos, estabelecer o tipo de atividades e tarefas que têm que favorecer a aprendizagem de cada menino e menina. Assim, pois, nos proporciona referências para definir uma proposta hipotética de intervenção, a organização de uma série de atividades de aprendizagem que, dada nossa experiência e nosso conhecimento pessoais, supomos que possibilitará o progresso dos alunos" (ZABALA, 1998. p.199). ■

2 Quais são os conceitos básicos no ensino e aprendizagem de História?

Cabe aos professores dos anos iniciais do Ensino Fundamental a tarefa de apresentar os conteúdos históricos aos alunos e não é raro encontrar professores aflitos diante dessa tarefa. São muitas as perguntas que se colocam para o professor, algumas relacionadas aos conceitos que devem ser trabalhados, outras relacionadas aos caminhos possíveis para o trabalho com esses conceitos: como trabalhar com os alunos temas tão complexos relacionados à História? Que estratégias usar para não ficar só na leitura e na discussão? Como trabalhar os conteúdos históricos? O que diferencia o trabalho com esses conteúdos ao longo dos cinco anos iniciais do Ensino Fundamental?

A questão inicial para o professor é a definição desse campo do conhecimento para que o trabalho possa ser planejado e executado ao longo do percurso do aluno na escola básica. Vamos retomar os conceitos citados anteriormente como fundamentais de modo a compreendermos seu sentido e refletirmos sobre as possibilidades de trabalho com cada um deles com os alunos.

2.1 Abordagens para o estudo de História

> Fazer a História é estar presente nela e não simplesmente nela estar representado.
>
> *Paulo Freire*

O primeiro conceito estruturante do trabalho é, então, o próprio conceito de **História,** entendido como o conjunto de relações que se estabelecem entre os diferentes grupos humanos em determinado tempo e em um espaço específico. Tais relações serão compreendidas por meio do estudo dos processos históricos e de seus sujeitos, com base na identificação das especificidades das sociedades estudadas e de seus diferentes agrupamentos, e das transformações ocorridas ao longo do tempo.

O estudo de História deve resultar na condição de análise e estabelecimento de relações que possibilitem identificar os interesses relacionados aos grupos sociais e às formas de exercício do poder delas resultantes. Ao olhar para o passado, buscamos identificar os conflitos existentes no convívio entre agrupamentos sociais e as razões desses conflitos. Buscamos também perceber as transformações ocorridas no decorrer do tempo e encontrar as explicações complexas para tais transformações, bem como identificar as permanências de características desses agrupamentos sociais e de suas relações ao longo do tempo.

Algumas questões metodológicas são fundamentais para a construção dos conhecimentos históricos. O reconhecimento das fontes de pesquisa e a problematização feita com base na análise dessas fontes é essencial para a compreensão da História. O conhecimento histórico sempre se origina de vestígios deixados pelas sociedades humanas – objetos, desenhos, obras arquitetônicas, documentos oficiais, obras literárias, dados de contabilidade, cartas, mapas, relatos de viagem e diários, entre outros.

O trabalho com as fontes é um importante recurso para a aprendizagem do aluno. Por meio dos documentos é possível exercitar os raciocínios e as metodologias próprias das ciências humanas, tais como a comparação entre culturas, entre tempos diversos, a periodização do tempo histórico, o levantamento de questões e de hipóteses explicativas, a observação, a coleta de dados e o registro organizado das informações obtidas, a descrição.

> "Em História, não se entende como apreensão de conteúdo apenas a capacidade dos alunos em dominar informações e conceitos de determinado período histórico, mas também a capacidade das crianças e jovens em fazer comparações com outras épocas, usando, por exemplo, dados resultantes da habilidade de leitura de tabelas, gráficos e mapas ou de interpretação de textos. Os conteúdos escolares correspondem também às formas de apresentação de determinado saber escolar, as quais podem ser por escrito ou pela oralidade, via debates, atividades em grupo, apresentação de uma peça teatral etc." (BITTENCOURT, 2005, p. 106).

Alguns dados sobre a população brasileira oferecem boas oportunidades para a análise de mudanças ocorridas em sua composição ao longo do tempo. Os números do censo de 2010 possibilitam uma boa conversa sobre a composição da população brasileira e sobre a classificação de "Cor ou Raça" usada pelo IBGE. A concentração da população na Região Sudeste, a forte presença indígena na Região Norte, a forte presença de população de origem africana – pretos e pardos – na população brasileira são dados importantes para o estudo das matrizes étnicas e culturais que formaram historicamente essa população brasileira atual.

Resultados preliminares do universo do Censo Demográfico 2010

Tabela 1 - População residente, por situação do domicílio e cor ou raça, segundo as Grandes Regiões e as Unidades da Federação – 2010

Grandes regiões	Total	Cor ou raça	
		Branca	Preta
Brasil	190 755 799	91 051 646	14 517 961
Norte	15 864 454	3 720 168	1 053 053
Nordeste	53 081 950	15 627 710	5 058 802
Sudeste	80 364 410	44 330 981	6 356 320
Sul	27 386 891	21 490 997	1 109 810
Centro-Oeste	14 058 094	5 881 790	939 976

Grandes regiões	Cor ou raça			
	Amarela	Parda	Indígena	Sem declaração
Brasil	2 084 288	82 277 333	817 963	6 608
Norte	173 509	10 611 342	305 873	509
Nordeste	631 009	31 554 475	208 691	1 263
Sudeste	890 267	28 684 715	97 960	4 167
Sul	184 904	4 525 979	74 945	256
Centro-Oeste	204 599	6 900 822	130 494	413

Os dados sobre a entrada de imigrantes no século XIX também podem ser usados para a caracterização do período e a compreensão de influências culturais em algumas regiões do Brasil, tais como a forte presença de italianos e alemães nas Regiões Sul e Sudeste ou de sírios e libaneses na Região Norte.

Tabela 2 - Imigração no Brasil, por nacionalidade - períodos decenais 1884-1893 a 1924-1933

Nacionalidade	Efetivos decenais				
	1884-1893	1894-1903	1904-1913	1914-1923	1924-1933
Alemães	22.778	6.698	33.859	29.339	61.723
Espanhóis	113.116	102.142	224.672	94.779	52.405
Italianos	510.533	537.784	196.521	86.320	70.177
Japoneses	-	-	11.868	20.398	110.191
Portugueses	170.621	155.542	384.672	201.252	233.650
Sírios e turcos	96	7.124	45.803	20.400	20.400
Outros	66.524	42.820	109.222	51.493	164.586
Total	883.668	852.110	1.006.617	503.981	717.223

Fonte: IBGE. Brasil: 500 anos de povoamento. Disponível em: <http://www.ibge.gov.br/brasil500/index2.html>. Acesso em:12 fevereiro maio 2012

Ainda em relação à população, o gráfico sobre a entrada de escravos de origem africana no Brasil ao longo do período da escravidão pode ser analisado para a identificação dos períodos de maior entrada e das atividades econômicas em que os escravos africanos foram usados ao longo dos séculos XVIII e XIX.

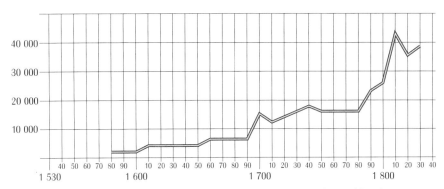

Figura 2.1 Estimativa de desembarque de africanos no Brasil por década
Fonte: Estatísticas históricas do Brasil. IBGE, 1987, p. 58.

Como bem definiu Bezerra,

"A História, concebida como processo, busca aprimorar o exercício da problematização da vida social, como ponto de partida para a investigação produtiva e criativa, buscando identificar as relações sociais de grupos locais, regionais, nacionais e de outros povos; perceber as diferenças e semelhanças, os conflitos/contradições e as solidariedades, igualdades e desigualdades existentes nas sociedades; comparar as problemáticas atuais e de outros momentos, posicionar-se de forma crítica no seu presente e buscar as relações possíveis com o passado" (KARNAL, 2003, p. 44).

A abordagem do passado deverá ser pensada como uma busca de elementos e processos que permitam a compreensão da realidade social. Para que isso se efetive, é preciso desenvolver com os alunos a compreensão de categorias de análise que possibilitem a classificação das informações sobre o passado, ou seja, identificar aspectos do modo de vida que possam ser comparados, seja no tempo, seja entre culturas distintas. À medida que fazemos perguntas ao passado, devemos explicitar as categorias de classificação desses aspectos do modo de vida: a *política* e as características das formas de governo e de exercício do poder e da autoridade; a *economia* e as formas de produção e circulação de riquezas e de recursos necessários à sobrevivência; formas de *organização da sociedade*, sua estrutura e os agrupamentos sociais de que é composta, além de outros aspectos da *cultura*, tais como formas de agrupamento familiar, uso da tecnologia, formas de transmissão da cultura e de educação, entre tantos outros.

Se pensarmos na progressão do trabalho ao longo dos anos escolares, podemos considerar que com os alunos das séries iniciais, o conceito de História será trabalhado em alguns de seus aspectos, muito mais relacionados à identificação dessas categorias de classificação em sua própria experiência e em comparação com outras culturas. Alguns temas bastante adequados para o trabalho com a faixa etária de alunos de primeiro, segundo e terceiro anos oferecem bom material para o conhecimento de aspectos diversos do modo de vida, tais como: a escolha dos nomes das crianças, os nomes de família, tradições culturais como festas populares, festas cívicas, formas de organização do poder na própria escola ou no município, o reconhecimento de regras de convivência estabelecidas na escola e o conhecimento de leis como o Estatuto da Criança e do Adolescente.

Uma estratégia que pode ser usada no trabalho com esses temas é a caracterização inicial do modo de vida dos alunos, feita a partir da pergunta: como é o meu modo de vida?

Essa pergunta geral pode ser desdobrada em outras para a caracterização de aspectos do modo de vida, tais como: como é a minha casa? Como são as moradias de meus colegas de classe? Todas as crianças de minha cidade vivem em casas parecidas com a minha? Como são as casas diferentes da minha? Como são as casas de crianças de outros povos ou de outras culturas? Como são as casas onde vivem crianças de povos indígenas brasileiros? Ao trabalhar cada uma dessas perguntas, os alunos estarão desenvolvendo o raciocínio comparativo, próprio do conhecimento histórico. É importante sistematizar as respostas obtidas e retomar sempre as perguntas trabalhadas anteriormente, de modo a organizar junto com os alunos o conhecimento do modo de vida desenvolvido por meio de cada uma delas.

Outra sequência de perguntas poderia ser: como são as festas em minha família? Quais são as datas ou eventos comemorados em festas familiares? Como são as festas familiares de meus colegas de classe? Em que aspectos são semelhantes às festas de minha família, em que aspectos são diferentes? Há alimentos ou bebidas especiais usados nessas festas familiares? Quais são as festas das quais participam várias famílias ou que reúnem as pessoas de minha cidade? A comparação desses eventos festivos pode ser feita por meio de uma pesquisa sobre festividades em comunidades indígenas ou festas de tradição popular de comunidades de imigrantes, tão comuns no Brasil.

Outro tema bastante rico no trabalho com esses alunos dos anos iniciais é a escolha nos nomes. A pergunta inicial seria: como é feita a escolha dos nomes das crianças em minha família? Como essa escolha é feita nas famílias de meus colegas de classe? Como outros povos e outras culturas escolhem os nomes de suas crianças? Em que aspectos essas escolhas se assemelham, em que aspectos elas se diferenciam?

Dica pedagógica
Nomes

A escolha dos nomes das crianças é um tema interessante para explorar a comparação de culturas. Os relatos de duas situações de escolha de nome para crianças que iriam nascer em uma comunidade do povo pirahã podem ser comparados às histórias de escolhas de nomes recolhidas pelos alunos entre seus familiares.

- Os alunos entrevistam seus parentes para saberem das histórias de escolha dos nomes em sua família: quem escolheu o nome, como o nome foi escolhido, por que o nome é esse.

- Após a exploração oral das histórias trazidas pelos alunos, o professor faz a leitura dos casos recolhidos por antropólogos entre os pirahã e pede aos alunos que desenhem a situação que deu origem ao nome.

- Ao fazer a exploração dos desenhos, os alunos discutem as situações semelhantes e as diferenças que encontraram entre as histórias.

As crianças pirahã que vivem no sul do Estado do Amazonas recebem seu nome antes de nascer.

1. Certa tarde uma mulher grávida pegou um tambaqui assado pela cabeça, pensando que estava frio. O peixe havia sido retirado do fogo pouco antes e queimou os dedos da mulher.

O nome de sua criança ficou sendo: Maitsege Pauex Huaix, que quer dizer "a cabeça queimada do tambaqui".

2. A mãe de Paxai, ainda grávida, estava viajando de canoa pelo rio. De repente ela viu uma jatuarana (um peixe muito saboroso) e tentou apanhá-la. Quando encostou no peixe a índia viu que suas guelras estavam podres e ficou muito assustada. Foi assim que ela resolveu que o filho que esperava receberia três nomes: Paxai, que significa jatuarana; Ubihiai que quer dizer guelra e Paigio, podre.

O nome de Paxai significa "guelra podre da jatuarana". ■

Adaptado de GONÇALVES, Marco Antônio Teixeira. Nomes e Cosmos: reflexões sobre a onomástica dos murai-pirahã. In: CUNHA, Manuela C.; CASTRO, Eduardo V. Amazônia – etnologia e história indígena. São Paulo: NHII/USP/Fapesp. 1993.

O trabalho com os alunos dos anos mais adiantados, sobretudo de quarto e quinto anos, já deve trazer aspectos da História do Brasil na definição dos conteúdos trabalhados. O estudo da formação da população brasileira, por exemplo, pode ser desenvolvido com a explicitação das categorias de classificação utilizadas para a caracterização de nosso modo de vida e de nossa cultura. A apresentação das três grandes matrizes culturais de nossa população – portugueses, africanos e indígenas – pode ser feita, dentre outras possibilidades, por meio da comparação das formas de organização da produção.

Identificar os interesses portugueses pelas riquezas que poderiam obter na exploração do território colonial e comparar as formas de produção de riqueza utilizadas pelos europeus do século XVI com a economia de subsistência que caracterizava os povos tupis que viviam no litoral do território, que viria a ser o Brasil, permite aos alunos perceber as grandes diferenças culturais que marcaram o encontro desses povos.

A opção portuguesa pelo uso de mão de obra escrava nessa produção de riqueza levou à escravização de milhares de índios brasileiros originários de diferentes povos, e de milhões de africanos, também originários de diferentes povos, ao longo de mais de 300 anos. A discussão sobre a condição da escravidão, enquanto privação de liberdade e a caracterização das condições de vida e de trabalho dos escravos no período colonial podem ser desenvolvidas por meio do estudo das imagens de escravos e de situações de trabalho registradas por artistas (sobretudo no século XIX) e também por meio de relatos de época, registros oficiais e publicações em jornais.

Dica pedagógica

A comparação de imagens sobre o Brasil produzidas nos séculos XVI e XVII pode ser uma boa estratégia de trabalho com alunos de quarto e quinto ano. Ao mesmo tempo em que se exercita a habilidade de leitura de imagens, a análise das representações feitas por europeus fornece muitas informações sobre como eles se relacionavam com os povos indígenas, cujas culturas eram tão diferentes da europeia.

A observação da organização do espaço onde a comunidade vive e das embarcações utilizadas possibilita um primeiro levantamento de características do modo de vida. Algumas perguntas podem orientar tanto a observação, quanto a comparação:

1. Como são as embarcações utilizadas pelos europeus?

2. Como são as embarcações utilizadas pelos tupis?

3. Que uso europeus e tupis faziam de suas embarcações? Que tipo de viagem se faz com barcos grandes movidos a vela? Que tipo de viagem se faz de canoa?

4. Onde está localizada a cidade de Salvador? Por que ela foi construída no alto da colina, com vista para o mar?

5. Como os tupis protegiam sua aldeia contra ataques?

Quais são os conceitos básicos no ensino e aprendizagem de História?

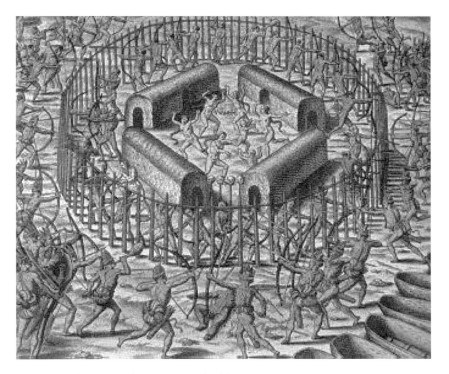

Figura 2.2 Ilustração de um ataque à aldeia
Fonte: Staden, Hans. *Duas viagens ao Brasil*. São Paulo: Edusp, 1974. p. 101.

Figura 2.3 Ilustração da costa de Salvador, Bahia
Fonte: Reis, Nestor Goulart. Imagens de vilas e cidades do Brasil colonial. 1. ed. São Paulo: Edusp, 2001.

2.2 Tempo histórico

O tempo é a matéria-prima fundamental da História e se apresenta como um tema essencial no trabalho com os alunos em todos os anos da escola básica. Nos anos iniciais do Ensino Fundamental o trabalho deve estar voltado para possibilitar aos alunos a construção inicial da noção de *tempo histórico*. O tempo da História não é medido pelo relógio; ele precisa ser compreendido enquanto "tempo social", relacionado ao "tempo vivido", o tempo da experiência.

Ao trabalhar com a questão do tempo, o professor deve ajudar seus alunos a situar os acontecimentos históricos em seus respectivos tempos. Algumas perguntas básicas podem orientar o trabalho do professor para que a noção de *tempo histórico* seja entendida pelos alunos: quando os acontecimentos se deram? De que época estamos tratando? Quanto tempo durou o processo que está sendo estudado? As referências de época, a duração e a identificação de características do modo de vida, próprias de determinada época, são elementos essenciais no trabalho com a História.

O trabalho nos anos iniciais do Ensino Fundamental precisa considerar as diferentes dimensões do tempo com as quais a História trabalha: antes e depois, sucessão, continuidade, ruptura, permanência, mudança, duração. De modo geral, podemos considerar três grandes dimensões de tempo a serem trabalhadas nesses anos iniciais da escola básica: o tempo breve, relacionado aos fatos e às datas; o tempo da conjuntura, relacionado aos movimentos culturais, às gerações, e uma terceira dimensão que se refere às estruturas, relacionado aos períodos, que é um tempo de longa duração.

Ao olhar para o passado, seja em sua própria cultura ou em culturas diferentes da sua, é importante que o aluno consiga perceber os ritmos da duração dos fenômenos sociais. Por isso, o trabalho do professor deve estar voltado para a sensibilização dos alunos com relação a essas diferentes dimensões do tempo, de modo que eles possam se aproximar do passado, estabelecendo comparações com o seu tempo vivido. As referências temporais, portanto, devem estar sempre presentes nas aulas de História e é importante que os alunos as identifiquem ao lidar com os processos históricos, tanto nos debates em sala de aula quanto em sua produção individual.

Uma primeira aproximação com o tema do "tempo" pode ser proposta a partir do levantamento dos instrumentos de medida do tempo conhecidos pelos alunos e a identificação de seus usos: como cada um dos instrumentos mede o tempo? O que diferencia esses "tempos" medidos por instrumentos diferentes? Por que essas medidas de tempo são importantes em nossa cultura?

Pensando em uma progressão para o trabalho com o tempo histórico ao longo desses cinco anos iniciais do Ensino Fundamental, o trabalho a ser desenvolvido com os alunos de primeiro ano estaria voltado para a própria noção de tempo e a observação da passagem do tempo na experiência dos alunos. O levantamento das rotinas cotidianas que envolvem três períodos do dia pode ser uma boa estratégia: o que fazemos no período da manhã? E à tarde? E à noite? O que diferencia essas atividades? Há pessoas que trabalham durante a noite e dormem durante o dia? Que diferenças observamos nos lugares que frequentamos diariamente nesses períodos (a casa, a escola, as ruas, as lojas etc.)?

Uma etapa seguinte dessa exploração pode ser feita por meio do levantamento dos usos que fazemos de instrumentos, como relógios e agendas, que nos remetem a medidas de tempo que dizem respeito ao ciclo dia/noite, e ao controle do ritmo de nossas atividades durante o dia. A experiência em sala de aula indica que, à medida que se reconhecem como usuários dessas ferramentas de medida do tempo, os alunos organizam sua compreensão sobre as funções de cada um deles e sobre o funcionamento diferente que eles têm. Sendo assim, uma boa estratégia para o trabalho com o tempo é o uso de ferramentas de medida e registro da passagem do tempo, além da exploração de suas funções. A construção de uma agenda coletiva, na qual seja registrada a rotina do período escolar, e que fique exposta na sala de aula, sendo alimentada diariamente, é uma forma de estreitar o reconhecimento do uso desse recurso de registro e controle do tempo.

Outras explorações podem ser feitas a partir dos relógios e de outros instrumentos desenvolvidos pela humanidade para o controle do tempo, tais como ampulhetas e relógios de sol, que podem, inclusive, ser construídos com os alunos em sala de aula. Os cronômetros também podem ser explorados por meio da comparação de seu uso e o uso de relógios – em que situações precisamos medir tempos muito curtos como segundos ou frações de segundos? O levantamento de recordes esportivos, tais como tempos de natação ou corrida, são bons exemplos dessa necessidade, bastante identificada com nossa cultura.

O calendário é outra ferramenta muito utilizada para a ordenação do tempo. Ao organizar o tempo de um ano, ele nos permite identificar ciclos lunares e estações do ano – informação muito importante para algumas atividades como a agricultura, o turismo, a aviação entre outras. Por meio do calendário medimos um tempo mais longo no qual os alunos podem identificar ciclos maiores da passagem do tempo: o aniversário, as festas cívicas, os feriados nacionais e outras datas importantes para suas famílias ou para suas histórias individuais – o aniversário dos avós, comemorações religiosas e períodos de férias, entre tantas outras. A presença de um calendário do ano na sala de aula, no qual algumas datas definidas como importantes possam ser destacadas – aniversários, feriados, períodos de férias, festas etc. –, também é um recurso que pode ser explorado nesse trabalho com os alunos.

A cronologia é uma forma de organização de informações importante para a compreensão do "tempo social", pois possibilita a ordenação de eventos no tempo e permite identificar as relações de sucessão além de dimensionar o passado com relação à sua distância do presente. Podemos pensar em uma progressão desse trabalho com a cronologia: o primeiro passo seria a identificação das relações de sucessão – antes e depois ou presente e passado. Essa ordenação possibilita, por exemplo, a diferenciação de épocas tanto no trabalho com as relações familiares – o meu tempo, o tempo dos meus pais identificado como passado e o tempo dos meus avós, que permite pensar em um passado ainda mais distante do presente.

Um recurso muito útil no trabalho com a cronologia é a "linha do tempo". A representação gráfica dessa ordenação cronológica possibilita a visualização das relações de sucessão dos acontecimentos. Para fazer uma linha do tempo, a pergunta central é sempre "o que aconteceu antes?" e a resposta a essa pergunta requer o uso de referências muito concretas de tempo: "quando ocorreu cada fato a ser ordenado?". Alguns exercícios muito simples de ordenação temporal podem ser realizados por meio da montagem de linhas do tempo, sobretudo com os alunos menores, do primeiro ao terceiro ano, tais como a linha do tempo dos aniversários dos alunos ou da história de suas famílias.

Dica pedagógica
Linha do tempo

O exercício de montagem da linha do tempo começa pela definição de um tema cujas informações estejam diretamente relacionadas à passagem do tempo. Um primeiro exercício coletivo pode ser proposto a partir da pergunta: quem é mais velho que quem no grupo de alunos?

1. O primeiro passo é a coleta de informações sobre as datas de nascimento dos alunos – dia, mês e ano. Cada aluno deve buscar essa informação em casa, com sua família. Se possível, é sempre interessante pedir que os alunos vejam seus registros de nascimento, o documento formal em que essa informação está registrada, o que permite ao professor trabalhar também com a importância dos documentos para a comprovação dos eventos – elemento também fundamental para a construção do saber histórico.

2. A etapa seguinte é a ordenação cronológica dessas informações. Os alunos podem trabalhar em grupos de 4 ou 5, para fazer uma primeira exploração dos critérios a serem usados nessa ordenação. É importante que, nas discussões dos grupos, os alunos percebam que há um método para a organização da cronologia: a primeira

informação é dada pelo ano de nascimento; em um mesmo ano, ordena-se a cronologia pelos meses do calendário e, entre alunos nascidos em um mesmo mês, a ordenação se fará pelos dias.

3. O passo seguinte é a troca das informações organizadas pelos grupos para a montagem de uma linha do tempo geral da classe. A primeira parte da conversa coletiva deve ser a formalização desse procedimento de trabalho para a ordenação – vale lembrar que alguns grupos podem não ter chegado a essa compreensão e, portanto, a troca coletiva é importante para assegurar a aprendizagem de todos.

4. Depois de discutidos os critérios usados pelos grupos, as datas de nascimento do conjunto dos alunos serão organizadas pelo coletivo. O professor pode usar uma folha de papel grande pregada à lousa onde os nomes dos alunos serão registrados junto às respectivas datas de nascimento, devidamente ordenadas. Lembrando que uma linha do tempo registra sempre a progressão do tempo da esquerda para a direita, permitindo uma leitura do tempo que tem um sentido passado – presente – futuro. Com os alunos de quarto e quinto ano pode-se propor a ordenação de eventos diretamente relacionados aos conteúdos de História do Brasil que costumam fazer parte da programação. Se o recurso da linha do tempo tiver sido apresentado a esses alunos em anos anteriores, o trabalho com o tempo social e o reconhecimento de características de época, na História do Brasil, podem ser realizados a partir da linha do tempo. Essa caracterização também pode ser pensada a partir de perguntas como, por exemplo, "como era a vida de senhores e escravos no tempo da escravidão?" ou "como eram as cidades europeias no tempo das grandes navegações?", ou, ainda, "como eram as aldeias tupis no tempo da chegada dos portugueses ao Brasil?".

Uma vez estabelecida uma primeira aproximação com a cronologia, o conhecimento histórico será construído por meio de indagações sobre a duração dos acontecimentos e sobre o sentido das periodizações.

O professor deve chamar a atenção para essas periodizações, sempre que elas se apresentem: a época colonial, o período da escravidão e os anos 1980 são alguns exemplos de referências de periodização bastante utilizadas. Se o tempo é uma das dimensões fundamentais da História, então essas referências devem ser valorizadas e exploradas pelo trabalho em sala de aula. A delimitação dos períodos e sua caracterização geral precisam ser explicitadas para os alunos de modo a favorecer a condição para que eles se apropriem dessa forma de pensar que envolve o tempo histórico.

A diferenciação entre os fatos – o nascimento do aluno ou de seus irmãos, a fundação da cidade de Salvador como primeira capital do Brasil em 1548, a fundação da escola, ou a proclamação da República – e os períodos é fundamental para a compreensão dos processos históricos mais longos. Quando utilizamos a linha do tempo como recurso, podemos fazer essa diferenciação por meio dela, diferenciando os pontos que representam os fatos, dos períodos que reúnem um conjunto de fatos. Para isso, é preciso que a delimitação dos períodos esteja bem representada na linha, por meio de marcas que identificam quando começa e quando termina cada um deles. ■

A proposição de atividades que permitam aos alunos o olhar para o passado ajuda a desenvolver sua percepção de que há acontecimentos breves, de curta duração, e eventos de longa duração, como "o período colonial" ou "o período da escravidão". A percepção das diferentes durações permite identificar as transformações ou as permanências ocorridas durante o período, bem como os eventos que marcam as rupturas.

2.3 Processo histórico

Ao conceber a História como processo, entendemos que o conhecimento histórico não se fará a partir da análise de fatos isolados, mas sim da compreensão das relações sociais, das diferenças e semelhanças identificadas nas sociedades, bem como dos conflitos e tensões que se estabelecem no interior da sociedade. A vida social deve ser problematizada em busca de explicações para as diferentes condições que encontramos ao conhecer as interações entre diferentes grupos sociais. Em sala de aula, essa problematização se faz por meio de perguntas que levem à busca dessas explicações, como, por exemplo: o que mudou? Por quê? Como?

Os acontecimentos históricos devem ser compreendidos não como fatos isolados, mas é necessário sempre buscar as relações existentes entre eles e as condições históricas – os diferentes contextos – em que os fatos se sucedem e se relacionam em uma teia complexa, e não linear. O fato histórico é compreendido como parte do processo e será trabalhado em sua relação com outros fatos na busca da explicação para os processos de transformação e as condições de permanência, observados na vida social ao longo do tempo.

A análise dos processos históricos permite a identificação de relações entre eventos. Tais relações podem indicar causa e consequência, sucessão temporal, simultaneidade, contraposição. Por meio da identificação e análise dessas relações, inicia-se a elaboração de explicações para os eventos e as transformações identificadas nos processos históricos – com a busca das razões para os conflitos e para as transformações ou para as permanências –, bem como a identificação das novidades, por meio da comparação entre características de tempos distintos.

Com os alunos dos anos iniciais o foco maior do trabalho é a identificação de relações simples que possibilitem a identificação das transformações e de seus fatores principais. Ao trabalhar com as histórias de família, por exemplo, e estabelecer comparações entre os diversos tempos identificados com as várias gerações, a identificação das diferenças é muito importante para a caracterização dos tempos históricos distintos. Com os alunos menores, essas diferenças podem ser trabalhadas por meio de exemplos: o que mudou nas formas de vestir, nos hábitos alimentares, nos meios de transporte ou nas construções das cidades. Identificadas as diferenças, o passo seguinte é a busca de explicações para essas transformações: por que as mudanças acontecem ao longo do tempo? A elaboração dessas explicações passa, então, pelas hipóteses levantadas pelos alunos e pela verificação delas, por meio de pesquisa ou do estudo de documentos – sobretudo de imagens, nessa faixa etária.

Com os alunos de quarto e quinto ano, esse trabalho de comparação e identificação de fatores de transformação passa a ser feito por meio do estudo de épocas e relações que já não têm, necessariamente, ligação direta com a vida dos alunos. A análise dos processos, então, se fará de modo integrado com a análise das questões relacionadas ao tempo. Para isso, a identificação dos momentos de transformação deve estar sempre presente na caracterização dos processos históricos: o que mudou? Quando mudou?

O estudo dos processos históricos nos informa sobre as trocas culturais ocorridas entre povos distintos, sobre as relações de dominação, a sujeição e a escravização de povos e pessoas, o estabelecimento de alianças e acordos entre grupos sociais ou entre governos. É assim que vamos tecendo nossa compreensão do passado enquanto resultado de processos complexos, para além da narrativa de uma sucessão de fatos.

2.4 Sujeito histórico

A História é uma das "ciências sociais" e deve, então, se dedicar à compreensão das coletividades humanas, das sociedades. O papel dos indivíduos na explicação dos processos históricos deve ser relativizado na busca de explicações que levem às coletividades, explicações que se referem à vida social. O sujeito histórico, nesse contexto, deve ser compreendido como agente social, identificado com grupos, dos quais os indivíduos fazem parte e, muitas vezes, representam. A História não é fruto de ações individuais, mas sim da interação social das coletividades humanas. As ações individuais precisam ser compreendidas no contexto do tempo em que ocorrem, e das interações sociais características desse tempo em determinado lugar.

2.5 Cultura e identidade cultural

Desde o século XIX, o termo *cultura* se refere a todas as realizações materiais e imateriais de um povo, ou seja, tudo que é produzido pela humanidade tanto no plano material quanto no plano das ideias. Ao definir **cultura**, o *Dicionário de conceitos históricos* faz algumas considerações importantes:

> "Em todo universo cultural, há regras que possibilitam aos indivíduos viver em sociedade; nessa perspectiva, **cultura** envolve todo o cotidiano dos indivíduos. Assim, os seres humanos só vivem em sociedade devido à cultura. Além disso, toda sociedade humana possui cultura. **A função da cultura, dessa forma, é, entre outras coisas, permitir a adaptação do indivíduo ao meio social e natural em que vive.** E é por meio da herança cultural que os indivíduos podem se comunicar uns com os outros, não apenas por meio da linguagem, mas também por formas de comportamento. Isso significa que as pessoas compreendem quais os sentimentos e as intenções das outras porque conhecem as regras culturais de comportamento em sua sociedade. Por exemplo, gestos como rir, xingar, cumprimentar, assim como os modos de vestir ou comer, indicam para outras pessoas do grupo tanto a posição social de um indivíduo quanto seus sentimentos, mas apenas porque quem interpreta seus gestos e sua fala possui os mesmos códigos culturais. É por isso que, ao nos depararmos com uma pessoa de cultura diferente, podem acontecer confusões e mal-entendidos, como um cumprimento ser considerado rude ou uma roupa ser considerada imprópria" (SILVA; SILVA, 2005, p. 87).

Ao compreendermos a definição de *cultura* dessa forma, fica fácil perceber que esse é um dos conceitos fundamentais para o aprendizado da História, aqui entendida como o estudo das realizações humanas ao longo do tempo.

Cultura material e cultura imaterial

Quando se fala em cultura material, a primeira imagem que se forma é a do mundo dos objetos fisicamente palpáveis, tridimensionais: instrumentos de trabalho, utensílios domésticos, roupas, alimentos etc. Isso não é um erro, mas pode conduzir a equívocos: supor que a cultura material se encerra ali, que outras manifestações culturais são marcadas pelas pura e imediata "imaterialidade".

Entendemos que aqueles e outros objetos não são simples "coisas", uma vez que fazem parte dos fazeres humanos, englobam saberes, aprendizados, ensinamentos e simbologias de várias naturezas. Uma panela, por exemplo, significa saber fazê-la ou poder ter acesso a ela já pronta, saber usá-la, pode ser suporte de memórias (originária de uma região do Brasil, no caso de panelas de pedra ou barro, ou de outro país, quando de alta tecnologia ou *design* avançado; ter pertencido a uma pessoa querida ou sido usada por ela). São coisas de pessoas e para pessoas. Existem em um universo de imaginação e com potencialidades humanas.

A contrapartida desses artefatos físicos é o mundo da cultura que não se configura imediatamente em objetos: uma prece, um desejo, uma lembrança, um medo ou um sonho, por exemplo. Mas, sendo também de e para pessoas, esse mundo se manifesta materialmente, tanto naqueles objetos, como nos próprios corpos humanos – sensações físicas (frio na barriga, calores pelo corpo todo, relaxamento, euforia). Opor a cultura material a outra cultura "imaterial", portanto, é perder de vista imperativos humanos que percorrem todas as práticas culturais (SILVA; FONSECA, 2007, p. 70-71).

O trabalho do professor nos anos iniciais do Ensino Fundamental deve focar o desenvolvimento da compreensão do conceito de cultura, tanto no que se refere à cultura material, quanto aos aspectos relacionados à cultura imaterial. É importante propor aos alunos atividades a respeito das características de sua própria cultura e outras, para que reconheça a existência de culturas diferentes da sua.

Com alunos dos anos iniciais, pode-se estabelecer esse trabalho por meio do levantamento de aspectos da própria cultura, seguidos por uma comparação com culturas diferentes. Essas comparações podem ser feitas por meio do estudo de povos indígenas brasileiros, o que possibilita a formação de um repertório de informações sobre essas populações que se acumula ao longo dos anos da vida escolar. O tema da infância, por exemplo, pode ser usado para a caracterização de nossa cultura: como vivem as crianças no Brasil hoje? Como são suas brincadeiras? Como se dá seu aprendizado? As mesmas perguntas podem ser propostas como orientação para o levantamento de informações sobre povos indígenas – há várias publicações sobre a infância de pataxós e mundurukus[1] que podem ser usadas em leituras para as crianças.

O estudo das populações indígenas e afro-brasileiras oferecem boas oportunidades para esse trabalho de identificação de traços de cultura específicos e, ao mesmo tempo, heranças culturais que podemos reconhecer em nossos hábitos cotidianos.

Esses temas se apresentam para o professor como bons recursos para tratar a questão da identidade cultural brasileira, na medida em que possibilitam o desenvolvimento de uma reflexão sobre a formação cultural do nosso povo e a identificação das múltiplas influências que essa formação vem sofrendo ao longo de nossa história. Para isso, é importante tomar como ponto de partida a caracterização da população brasileira hoje e a identificação dos traços de diferentes culturas que os alunos percebem em sua própria cultura, em seu modo de vida: a origem de determinados alimentos, as diferentes formas de preparo das refeições, características das vestimentas, manifestações religiosas etc.

Vamos pensar separadamente sobre essas questões, refletindo sobre as especificidades de cada um desses temas em outros capítulos mais à frente. ■

---

1 No Capítulo 4 são apresentadas sugestões de publicações para essa aplicação.

3 Que estratégias usar para o ensino de História?

O desenvolvimento do trabalho de sala de aula exige um planejamento das estratégias a serem adotadas para a condução coletiva da aprendizagem dos agrupamentos de classes. Tal planejamento deve então considerar as aprendizagens dos conceitos a serem abordados, os objetivos que temos com relação aos mesmos e a condição de verificar as aprendizagens individuais dos alunos.

Ao longo dos anos iniciais da escola, as condições de aprendizagem e de expressão dessas aprendizagens por parte dos alunos se modificam bastante. O grau de apropriação e articulação dos conteúdos, quando comparamos a produção de alunos de primeiro ano e de quinto ano são muito diferentes e, por isso, o desenvolvimento do trabalho com a História a cada ano escolar precisa ser pensado e planejado de modo a oferecer aos alunos a melhor condição para que desenvolvam modos de ser, estar e agir; maneiras de pensar e articular seus conhecimentos. Por isso, é importante que, ao planejar seu trabalho, o professor considere o que foi feito nos anos anteriores e, sobretudo, procure adequar suas propostas de ensino às condições reais de aprendizagem de seus alunos, que precisam ser conhecidas e avaliadas constantemente ao longo do ano escolar.

3.1 A narrativa histórica

Com os alunos pequenos, o trabalho a ser desenvolvido é uma aproximação com os conceitos de História, que serão buscados na experiência de vida dos alunos. É comum iniciar-se o trabalho por meio do conceito de *identidade*, propondo às crianças que pensem em seus nomes, em suas famílias, nos grupos sociais dos quais fazem parte e na identificação das pessoas com as quais convivem na escola, fazendo uma reflexão acerca de suas funções no cotidiano escolar. A composição das famílias e a nomeação das relações de parentesco, bem como a caracterização das diferentes atividades profissionais dos integrantes das famílias são temas correntes nas propostas de trabalho que se desenvolvem com alunos de primeiro e segundo ano.

Outro caminho bastante comum nos currículos desses anos iniciais da escola básica é a proposição de estudos de caso, como o estudo de povos indígenas ou a identificação de heranças de diversos povos em nossa cultura – aspectos de culturas africanas, ou de outros povos que, historicamente, migraram para o Brasil, como os italianos, os portugueses e os espanhóis, entre outros.

Ao se fazer a seleção de conteúdos é importante explicitar os conceitos que se deseja trabalhar, de modo a evitar que as narrativas históricas ou o levantamento de características do modo de vida dos povos estudados se transformem em "curiosidades". Esse é um risco que corremos todo o tempo quando trabalhamos com a História, pois as narrativas tendem a ganhar força, à medida que se tornam interessantes e, muitas vezes, para esses alunos ainda tão jovens, se misturam às narrativas ficcionais de que eles tanto gostam. É importante salientar que esse risco vale a pena, pois o encantamento com as narrativas costuma ser de grande ajuda para o professor quando se trata de envolver os alunos com o trabalho e de interessá-los pelos conteúdos da História. A arte está em usar o encanto da narrativa, sem perder o foco conceitual, o que será sempre facilitado quando tivermos os conceitos e os objetivos bem colocados.

Além da escolha dos conceitos e dos objetivos, é preciso pensar no grupo de alunos que está conosco para escolhermos as estratégias de abordagem. É preciso garantir que os objetivos definidos para o trabalho digam respeito a estudantes reais, no contexto histórico e social em que vivem. Não vamos tratar da cultura indígena da mesma forma em São Paulo e no Pará; em Santa Catarina e no Xingu. É preciso pesquisar o que os alunos já sabem e o que já pensam sobre os conteúdos que elencamos como importantes, pois é a partir desse conhecimento inicial que o trabalho será desenvolvido.

O trabalho com as narrativas históricas está fortemente relacionado à noção de tempo histórico. O primeiro passo para a ordenação das narrativas é a identificação das sequências temporais envolvidas nos episódios narrados. As noções de *antes e depois* é que permitem a percepção das relações de causa e efeito e são fundamentais para que as histórias, os episódios e os processos façam sentido.

A exploração dessas relações pode ser feita por meio de narrativas ficcionais como histórias em quadrinhos sem palavras. Pode-se pedir aos alunos que contem a história oralmente, utilizando em sua fala as expressões "antes", "depois", "então", "por isso" de modo a dar sentido à narrativa.

Nesses anos iniciais do Ensino Fundamental, é comum os professores trabalharem com as histórias de família e as biografias dos alunos. Essas são situações em que a organização do tempo das narrativas é fundamental para que as histórias façam sentido: os avós existiram antes dos pais; os irmãos mais velhos nasceram antes dos mais novos; o tempo em que os avós viveram sua infância era diferente do tempo em que nós vivemos hoje. Uma primeira aproximação dessa temporalidade pode ser feita por meio da linha do tempo, na qual podem ser registrados, com cores diferentes, os períodos de vida de cada geração da família. No momento seguinte, pode-se fazer uma pesquisa por meio de entrevistas e levantamento de informações em livros ou pela Internet, sobre características do modo de vida nos diferentes momentos identificados na linha do tempo. Alguns aspectos do modo de vida são bastante interessantes para a identificação de diferenças a partir da comparação, sobretudo por meio da leitura de imagens, tais como vestimentas, meios de transporte, características do espaço urbano, a escola etc.

Outra possibilidade de caracterização do modo de vida em tempos passados é a entrevista com idosos e o levantamento de informações por meio da memória deles ou a leitura de diários ou livros de memória escritos por adultos ou idosos sobre o tempo de sua infância. O registro deixado pelo ator e compositor Mario Lago (1911-2002) pode nos dar um bom exemplo das possibilidades de comparação de como era a cidade do Rio de Janeiro há cerca de um século (apud CALDEIRA, 2008, p. 452):

"Até onde conseguiam chegar meus olhos, mais possuídos de visão para o jogo da amarelinha do que para as coisas sérias, cresci assistindo à constante derrubada dos velhos casarões, à permanente substituição de paralelepípedos por asfalto. (...) Em uma das ruas da minha infância, a avenida Henrique Valadares, esquina com Inválidos, ao lado dos postes do progresso, continuava existindo um lampião da antiga rua da cidade. Avantesma [fantasma] sinistra, como a ele se referiam os vizinhos preocupados com um vocabulário mais rico e sofisticado, condizente com o próprio tempo do lampião. Lembro-me dele como se ainda o visse. A ferrugem dos anos o carcomera de cima a baixo, acabando por enchê-lo de buracos, e os vidros já não constituíam a alegria da garotada nos exercícios de pedras ao alvo, desaparecidos que estavam já não se sabia desde quando. Melancólica figura de museu, o velho lampião não tinha a menor influência para que a claridade da rua fosse maior ou menor (...). Mas sua presença, tão sozinho naquela esquina, me permitiu assistir aos últimos momentos dos acendedores dos últimos lampiões. O homem que vinha alimentá-lo, todos os fins de tarde, era alto e magro, tão amarelo quanto a tímida chama que provocava."

A compreensão dessas temporalidades não se faz de uma vez. Os alunos constroem lentamente suas noções de tempo e ampliam significativamente essa compreensão ao longo de sua experiência escolar. O exercício de identificação desses elementos relacionados ao tempo histórico deve ser feito constantemente na sala de aula e o professor deve chamar a atenção de seus alunos para esses aspectos sempre que estiver trabalhando com narrativas.

3.2 O diálogo na sala de aula e a produção coletiva

A elaboração das aprendizagens e a apropriação dos conteúdos por parte desses alunos se faz, em muito, por meio da fala. Ao serem chamados a se manifestar no coletivo da sala de aula, os alunos elaboram seus pensamentos em voz alta e contam com a ajuda de seus colegas para a construção de ideias mais completas ou mais complexas. Dessa interação entre eles, são elaborados, na sala de aula, textos orais de construção coletiva e se abre um espaço para a reflexão e a troca entre os alunos. Também para o professor e para o desenvolvimento dos conteúdos a serem trabalhados, esses diálogos se apresentam como situações bastante proveitosas, uma vez que as perguntas e as intervenções dos alunos oferecem boas indicações para o professor acerca de suas aprendizagens ou das dificuldades que enfrentam.

A troca de ideias entre os alunos pode ser feita com diferentes objetivos. A introdução de um tema novo pode ser proposta por meio de uma discussão que possibilite identificar os conhecimentos prévios dos alunos; a troca de ideias acerca de uma leitura feita coletivamente permite acompanhar a compreensão da leitura dos alunos, ao mesmo tempo em que oferece ao grupo uma condição de compreensão compartilhada dos conteúdos. Também nos momentos de elaboração final da compreensão de certos temas trabalhados, o debate é uma estratégia rica para a elaboração de textos coletivos e a organização dos conceitos.

Cabe ao professor organizar o debate para que o grupo chegue a uma conclusão reconhecida como sua. Para isso, é preciso retomar colocações feitas pelos alunos e, em muitos momentos, reelaborá-las oralmente para oferecer uma forma organizada dos conteúdos, propor perguntas que levem a discussão ao tema desejado ou aos conceitos já conhecidos e trabalhados anteriormente, além de pedir aos alunos que reelaborem sua fala para que sua comunicação seja mais eficiente.

Uma estratégia boa para a organização dessas situações coletivas é o registro das conclusões ao longo da discussão, à medida que apareçam falas dos alunos que revelem a compreensão do tema proposto. Nos momentos de registro escrito, o professor assume o papel de uma espécie de "escriba" do grupo, aquele que organiza as ideias e oferece a forma escrita para elas. As conclusões podem ser registradas em papel grande que fique exposto na sala de aula durante as aulas em que o tema é trabalhado – estratégia bastante adequada para as turmas de primeiro a terceiro ano –, ou podem ser registradas na lousa para que os alunos copiem em seus cadernos individuais – no caso dos alunos de quarto e quinto ano, que têm maior agilidade na escrita.

Do ponto de vista do professor, essas conclusões são importantes para a articulação dos conceitos na ordenação dos conteúdos. Para os alunos, tais conclusões devem assegurar a compreensão do desenvolvimento do trabalho, o sentido da aula e, muitas vezes, elas oferecem a explicitação dos conteúdos que estão sendo desenvolvidos e que serão avaliados.

Vale lembrar que há outros registros possíveis, pois a comunicação entre os homens vai além da escrita, pode ser oral, gestual, figurada, musical e rítmica. Assim, o professor pode organizar, com os alunos, teatros, jograis, murais, paródias, exposições de desenhos e registros para outras turmas, além de adivinhas, com base no conhecimento trabalhado.

Acreditamos que a aprendizagem ocorre na interação. Quanto mais interações de qualidade o professor puder promover, mais oportunidades os estudantes terão de se aprofundar na compreensão dos conteúdos apresentados. A qualidade das interações depende do envolvimento que o professor consegue despertar na classe, lembrando que interações implicam conversas, que aumentam o barulho na classe. Portanto, é importante combinar com os alunos algumas regras para as discussões, como o controle do tom de voz, a necessidade de pedir a palavra antes de falar e esperar a sua vez, bem como ouvir os colegas e ser respeitoso com suas ideias.

Que estratégias usar para o ensino de História?

Dica Pedagógica

Outro tema comum na etapa inicial da vida escolar é a história dos nomes dos alunos. Ao propor a reflexão acerca da função do nome e/ou do sobrenome das pessoas, estamos levantando um dos aspectos importantes do conceito de cultura. A percepção de que diferentes povos nomeiam seus membros de formas diferentes e a comparação entre essas diferentes formas de nomeação, permite trabalhar com os alunos a análise da função social dos nomes e dos sobrenomes na identificação dos grupos de convívio social dos indivíduos. Esse é um excelente caminho para a introdução da noção de *identidade social* e de *cultura*.

Uma primeira exploração da origem dos nomes dos alunos pode ser feita oralmente, a partir das histórias da escolha de seus nomes, trazidas pelos alunos a partir de entrevistas com familiares realizadas em casa. Uma segunda etapa pode ser dedicada ao trabalho com o significado e a origem de alguns nomes. Há diversos poemas infantis e letras de canção que tratam da questão da escolha dos nomes. A letra da canção de Geraldo Azevedo e Renato Rocha pode ser usada como material para a identificação dos significados dos nomes:

Nomes de gente
Composição: Geraldo Azevedo e Renato Rocha

Tem muito nome de gente
Muito significado
Prudêncio que é prudente
Tito que é honrado
Hugo que é previdente
Reinaldo que é ousado

Tem muito nome de gente
Muito significado
Tem muito nome de gente
Que é nome de bicho

Tem Jonas que é pombo
E Raquel que é ovelha
E tem Leon
Que quer dizer leão
Com nome de bicho
Tem uma porção
Ataulfo é nobre-lobo
Arnaldo, águia potente
Arnulfo é águia e lobo
Arlindo, águia e serpente
Leandro, homem-leão
Leonardo é leão forte
Catulo, um pequeno cão
Bernardo é urso forte

Tem muita gente com nome de flor...
Tem mesmo: tem violeta, tem rosa
Tem cravo, camélia, dália e jasmim...
E tem Carmem que quer dizer jardim.
Dulce quer dizer que é doce
Lia, que é trabalhadora
Olga, que é nobre moça
Berenice, a vencedora
Bárbara é estrangeira
Estela, que é estrela
No meio de tantas belas
É Vera que é verdadeira

Tem muito nome por causa do tempo
Nomes por causa da hora e do mês
É sim, tem nome que lembra o momento
Lembra o dia em que nasceram os bebês
Natalício e natalino
Nasceram os dois no Natal

Domingos foi em um domingo
Na Páscoa, nasceu Pascoal
Genaro foi em janeiro
Em março nasceu Marçal
Aurora porque nasceu

Na hora que nasce o Sol
Cumpadre, tem muito nome de gente
Dizer tudo é uma coisa de louco
Quê que a gente faz: para ou vai em frente?
Seguinte: vamos cantar mais um pouco

Lucas, é reluzente
Adalgisa nasceu nobre
Camila foi livremente
Cássio porque nasceu pobre
Albano e albino é branco
Esaú é cabeludo
Bruna, de pele morena
Branca, o nome disse tudo

Tem muito nome e a gente
Cantou somente um bocado
É muito nome de gente
Prum verso de pé quebrado
A gente fica contente
Se ninguém ficar zangado
Se nesse quase repente
Seu nome não foi cantado

Muitas histórias de escolha dos nomes de crianças estão relacionadas a artistas de cinema ou televisão, personagens de novelas, filmes ou livros, parentes queridos, políticos... Homenagear outras pessoas é um costume próprio de nossa cultura, mas também encontramos pessoas com nomes estranhos, relacionados a objetos, lugares ou relações de parentesco, tais como Agrícola Beterraba Areia, Amazonas Rio do Brasil Pimpão, Céu Azul do Sol Poente, Esparadrapo Clemente de Sá, Hidráulico Oliveira, João Cara de José, Maria de Seu Pereira ou Rolando Escadabaixo.

A elaboração da compreensão dos conceitos de identidade social e da percepção da função social do nome – seja do indivíduo, seja da família –, se dá por meio da troca de ideias e de questões entre os alunos: Para que servem os nomes?

Como eles são escolhidos? Como poderiam ser escolhidos? O papel do professor é organizar o debate dos alunos para que ele se mantenha no foco dos objetivos da atividade, procurando distribuir a fala entre os alunos e orientá-los para que busquem completar ou corrigir as falas anteriores. O grande desafio do debate em sala é assegurar que os alunos escutem os colegas para criar um raciocínio coletivo. Não é necessário que todos os alunos se coloquem, mas é preciso assegurar que a palavra seja bem distribuída entre aqueles que são participativos e os alunos mais quietos, mais retraídos. ■

3.3 Leitura e escrita

Os alunos de primeiro e segundo ano ainda não têm completo o seu processo de aquisição da leitura e da escrita. Para esses alunos, o trabalho com a História deve, então, ser pensado com ênfase em formas de expressão possíveis, inclusive considerando sua compreensão do sistema de escrita no momento.

A leitura de imagens, a expressão por meio de desenhos dos alunos, a escrita de pequenos textos coletivos, o acesso a filmes curtos sobre o conteúdo, são estratégias de trabalho nas quais a elaboração escrita se faz na colaboração entre os alunos, e com o auxílio do professor. Essa mediação da escrita possibilita o desenvolvimento do trabalho com todos os alunos, em seus diferentes momentos do processo de alfabetização e, ao mesmo tempo, possibilita exercitar as habilidades de escrita, por parte de todos os alunos, considerando as diferenças entre eles. Afinal, acreditamos que o acesso à leitura, com compreensão, e à escrita são passos importantes na formação da criança como sujeito histórico, capaz e potente.

Ao oferecer textos simples para leitura e fazer a mediação da compreensão dessas leituras, também criamos uma boa condição para, simultaneamente desenvolver as habilidades de leitura dos alunos, e não depender delas para o desenvolvimento do trabalho com a história.

O trabalho com a escrita individual dos alunos pode contribuir muito no processo de desenvolvimento da alfabetização. Ao longo do terceiro e do quarto anos, os alunos ganham autonomia no desenvolvimento de propostas de registro escrito dos conteúdos trabalhados oralmente, bem como de exercícios individuais de leitura dirigida de textos curtos. O trabalho oral sempre é muito importante, uma vez que saber se expressar usando os diferentes gêneros do discurso oral, como entrevistas, seminários, apresentações, entre outros, é um aprendizado permanente.

Os alunos de quinto ano já são leitores e escritores com mais competência, aos quais podemos propor a elaboração de textos mais longos, com a leitura de narrativas históricas nas quais eles possam identificar personagens, eventos e sequências temporais. É importante analisar os textos oferecidos para a leitura dos alunos, lembrando que os textos mais longos e mais complexos são mais bem compreendidos quando, após serem lidos, são discutidos coletivamente.

3.4 Leitura de imagens

O trabalho com imagens é muito rico para o desenvolvimento dos conteúdos históricos. Obras de arte, fotografias, desenhos e mapas são bons recursos para o trabalho com o tempo histórico. Esse trabalho, entretanto, deve ser pensado enquanto leitura e proposto de forma a desenvolver procedimentos específicos, que os alunos aprendam e passem gradativamente a usar de forma autônoma.

Um bom leitor de imagens utiliza, mesmo sem perceber, as mesmas estratégias de leitura que um bom leitor de textos escritos: seleção, antecipação, inferência e verificação (SOLÉ, 1998).

- Estratégias de seleção: o leitor escolhe alguns índices úteis, como detalhes das imagens, ou letras nas palavras e textos.

- Estratégias de antecipação: o leitor prevê o que acontecerá, com base em informações explícitas e em suposições. O autor, o título e muitos outros índices nos apoiam no levantamento de suposições sobre o que poderemos encontrar.

- Estratégias de inferência: o leitor capta o que não está dito ou representado de forma explícita. São adivinhações baseadas tanto em pistas da imagem ou texto quanto nos conhecimentos prévios do leitor. É a leitura nas entrelinhas.

- Por fim, temos as estratégias de verificação, que tornam possível examinar se o que selecionamos, antecipamos e inferimos faz sentido. Verificamos se nossa inferência é plausível.

Qualquer processo de leitura depende da habilidade e experiência do leitor, o propósito da leitura (Para que estou lendo?), o conhecimento prévio do assunto tratado e o nível de complexidade oferecido pelo texto ou pela imagem.

Os alunos devem ser chamados a observar atentamente as imagens para que possam identificar o "cenário", o contexto e diferenciar o que está em primeiro plano e o que compõe o fundo. A cena retratada também precisa ser compreendida e os alunos devem se perguntar se trata-se de uma cena cotidiana, conhecida por eles, ou de um evento pouco comum ou desconhecido.

O mesmo questionamento deve ser feito com relação à presença de personagens nas cenas retratadas. O trabalho de descrição daquilo que é observado, tal como os tipos humanos e suas ações, as peças de vestimenta que usam, os objetos presentes na cena etc, pode ser feito oralmente, de modo que os detalhes também sejam percebidos e discutidos e, quem sabe, explicados.

Muitas vezes a leitura de imagens permite a identificação de indicadores de tempos passados. As formas de vestir, os meios de transporte, as ferramentas de trabalho, alguns hábitos cotidianos, paisagens urbanas e rurais foram retratados por artistas e fotógrafos de diferentes épocas, e suas obras revelam aspectos muito importantes do passado e de outras culturas. A exploração dessas particularidades e a formação de leitores de imagens capazes de reconhecer esses indícios é outro aspecto a ser desenvolvido pelo professor de História.

Dica pedagógica

A observação de fotografias que registram cenas de tempos passados oferece boas oportunidades para o trabalho dos conteúdos históricos. Por meio dos registros fotográficos é possível levar os alunos a comparar características do modo de vida na época, naquele local, com aspectos identificados nas imagens.

A fotografia a seguir retrata um grupo de acendedores de lampião, responsáveis pela iluminação pública da cidade de Porto Alegre no início do século XX.

Figura 3.1 Foto "Acendedores de lampião", de Virgílio Calegari
Fonte: FÓRUM Latino-Americano de Fotografia de São Paulo. Disponível em: <http://www.forumfoto.org.br/pt/tag/carlos-carvalho/> Acesso em: 29 nov. 2011.

Algumas informações sobre o fotógrafo e a própria fotografia ajudam a organizar a observação da imagem e a orientar o olhar dos alunos:

Virgílio Calegari (1868-1937) ficou conhecido como o retratista da elite urbana que se instalava em Porto Alegre, no início do século XX. Entretanto, entre o material sob guarda da Fototeca Sioma Breitman e disponível para pesquisa, as imagens de negros, pobres e trabalhadores chamam atenção por demonstrarem interesse e intimidade com temas exteriores aos salões letrados. (...)

Imagem que pode servir como exemplo deste olhar do autor é a fotografia conhecida como "Acendedores de lampião", sem datação estimada pela instituição de guarda. São os trabalhadores responsáveis pelo acionamento dos lampiões de iluminação pública, atividade que já na virada do século XX estaria com os dias contados. Dessa forma, é possível concluir que, na iminência de uma mudança substancial na feição urbana e, em determinada medida, em uma atividade econômica da capital, o fotógrafo optou por retratar o elemento humano. Ao priorizar o trabalhador e não o sistema de iluminação, imortalizou uma profissão em vias de extinção e ofereceu a possibilidade de salvar do esquecimento algumas vítimas inevitáveis do progresso e da modernidade.

Calegari observou e fotografou sistematicamente a cidade, as obras de melhoramento e a movimentação das ruas de comércio. Este esforço resultou em uma narrativa que dá conta da constituição de uma visualidade de modernidade. Nos primeiros anos do século XX, as vistas da cidade são feitas a partir do rio e dominadas pelo elemento natural. Seu trabalho também deixa evidente o processo desigual de incorporação dos novos padrões urbanos como na imagem que evidencia a presença do casario colonial e de uma figueira – árvore típica do sul do Brasil – em Belém Velho, um dos redutos de memória da colonização açoriana da cidade.[2]

Esta outra imagem de 1895 mostra o acendedor de lampiões fazendo seu trabalho:

---

2 *Fonte*: FÓRUM Latino-Americano de Fotografia de São Paulo. Disponível em: <http://www.forumfoto.org.br/pt/tag/carlos-carvalho/> Acesso em: 29 nov. 2011.

Figura 3.2 O acendedor de lampiões (Acervo da Biblioteca pública do estado do Rio de Janeiro[3])

Ao propor o trabalho com as fotografias, é importante estabelecer um roteiro de observação que possibilite aos alunos organizar e registrar as informações. Ao propor algumas perguntas ao grupo de alunos, o professor dirige e ajuda a organizar a observação:

1. O que é a cena fotografada?

2. Onde a fotografia foi feita? Como é o lugar onde as pessoas estão?

3. Quem são as pessoas presentes na imagem?

4. Como essas pessoas estão vestidas?

5. Que instrumentos de trabalho essas pessoas utilizam?

6. Qual é a ocupação de um "acendedor de lampião"?

7. Por que um dos homens retratados está montado em um cavalo?

---
3 Disponível em: http://tvescola.mec.gov.br/images/stories/download_aulas_pdf/Sala/sala_o_lampiao.pdf Acesso em 12/2/2012

A partir dessa sistematização da observação das imagens, pode-se fazer a exploração de um tema presente nas duas imagens e a comparação de aspectos do passado com características do presente, identificadas pelos alunos. A *iluminação pública* retratada nas fotografias pode ser comparada com a iluminação tal como é feita hoje. Para isso, os alunos precisam organizar a observação e os dados que têm sobre a iluminação de suas cidades:

1. Como as ruas são iluminadas?

2. Como são as luminárias de nossas ruas, comparadas com os lampiões usados no passado?

3. Quem acende as lâmpadas dos postes urbanos?

4. Para que servem os fios da rede elétrica que alimentam os postes de iluminação?

A comparação entre o presente e o passado pode também ser pensada a partir da observação das vestimentas e dos calçados dos personagens retratados, bem como de seus instrumentos de trabalho. Outros registros visuais que retratam aspectos da vida urbana no início do século XX podem ser apresentados aos alunos para ampliar a comparação: o que mudou no modo de vida? Como os registros feitos no passado nos ajudam a identificar essas transformações nos hábitos cotidianos, no espaço urbano, nas formas de convivência?

Além disso, é importante esclarecer que essas fotos são fruto da tecnologia disponível na época – a máquina fotográfica que tirava fotos em preto e branco –, e que, por isso, temos hoje essas informações. Em épocas mais distantes, não existia outra forma de registrar imagens ou cenas cotidianas a não ser a descrição escrita, a descrição oral, as pinturas e os desenhos. A máquina fotográfica foi uma evolução muito grande em questão de registro de ações que se perpetuam no tempo. Lembre, ainda, que a própria máquina fotográfica passou por muitos aprimoramentos, e hoje é possível fotografar por meio de um telefone celular.

Queremos ressaltar que o passado, retratado nas duas imagens, também foi registrado por escrito. Logo na página inicial do livro *Eu me lembro*, Gerda Brentani se refere aos acendedores de lampião:

> Eu me lembro. Lembro muito bem a lâmpada a gás da minha infância. 1909. Eu tinha três anos e o direito de, à noite, puxar a correntinha que fechava o gás.

> Ao escurecer, eu observava pela janela os acendedores de lampião.

Em outra passagem, a autora faz uma reflexão sobre a luz elétrica:

> É impossível abranger aqui toda a riqueza das invenções humanas. Do modesto lar à grande indústria; da velocidade dos motores aos benefícios físicos: eu poderia escrever páginas inteiras. Porém, quero contar algo sobre elas.

> As descobertas estão quase sempre ligadas a um nome, o de uma pessoa persistente, obstinada. Sem essa insistência ela não acharia nada. Vejam a palavra eletricidade: desde 1660 ela era conhecida. Uma faísca brilhando pelo atrito dos metais. E só. Mais tarde, Alessandro Volta inventa a pilha e Benjamin Franklin brinca com para-raios. Os dois respeitáveis.

> E depois Thomas Edison, genial criador da lâmpada elétrica, que trabalhou no fim do século XIX e propôs o uso da corrente elétrica para iluminação. Ainda menina, vi a instalação dos fios condutores – na época externos às paredes – e a transformação dos candelabros a gás em lâmpadas elétricas. Hoje tudo se ilumina com a luz elétrica: não tem graça, mas é prático (BRENTANI, 1993, p. 30).

As lembranças da autora – nascida em 1906 – trazem a referência aos acendedores de lampião no espaço público ao lado do uso doméstico do mesmo sistema de iluminação a gás. No segundo trecho, a reflexão da autora se volta para os avanços do conhecimento humano que possibilitam o desenvolvimento de tecnologias e promovem transformações no modo de vida.

A exploração do relato também pode ser feita por meio de perguntas propostas para que os alunos debatam:

1. Como as casas eram iluminadas?

2. Que correntinha era essa que a autora gostava de puxar?

3. Como se imagina uma "lâmpada a gás"?

4. O que aconteceu com essas lâmpadas a gás? Por que nós não as utilizamos mais?

5. Como essa transformação aconteceu, segundo a autora?

Após essa conversa sobre iluminação e eletricidade, os alunos devem registrar suas conclusões. Isso pode ser feito por meio de um texto coletivo, registrado pelo professor na lousa; por meio da escrita individual ou em pequenos grupos de alunos, ou por meio de desenhos individuais.

É importante lembrar que uma atividade como essa deve estar relacionada aos conteúdos e objetivos do trabalho, definidos no planejamento do professor. A discussão dos alunos e os aspectos por eles levantados precisam ser valorizados e destacados à medida que se aproximam desses objetivos maiores, que retomam os conceitos centrais do trabalho. Para isso, o professor deve ter se preparado com antecedência, deve estar seguro com relação aos conteúdos para poder atingir os objetivos propostos e não divulgar informações erradas ou desencontradas aos alunos.

3.5 Registro das aprendizagens por meio do desenho

O desenho é uma forma importante de registro de aprendizagem, sobretudo na faixa etária que estamos tratando, de 6 a 10 anos. Em muitos momentos do trabalho, a compreensão dos conteúdos de História pode ser registrada dessa forma e é importante trabalhar com os alunos para o desenvolvimento desse desenho, que não é totalmente livre, pois tem uma intenção de comunicação que precisa ser atingida.

Os desenhos podem ser de observação ou de representação de uma situação descrita. Muitas vezes, é interessante pedir que a leitura de imagens seja registrada pelos alunos na forma de desenho – o que não significa cópia, mas uma recriação ou uma nova narrativa com base na imagem apresentada. Outra situação em que o desenho se apresenta como uma ferramenta útil é o registro da compreensão de narrativas, para a apresentação de personagens, de situações de agrupamentos sociais e de ações coletivas.

O desenvolvimento das habilidades de observação e de leitura, que possibilitam o planejamento de desenhos e sua elaboração detalhada, deve ser orientado pelo professor. Entre os alunos, sempre encontraremos grandes diferenças no que se refere às habilidades técnicas do desenho, mas não são elas que nos interessam para o desenvolvimento desse trabalho. O trabalho com os desenhos dos alunos deve considerar a intenção de representar os elementos essenciais da proposta, mais do que a qualidade técnica do resultado. A orientação dessas atividades deve valorizar o uso de cores, o aproveitamento do espaço do papel, o planejamento dos elementos que compõem o desenho – plano principal, fundo, cenário, localização de personagens, caracterização de personagens, os elementos que identificam a ação ou situação representada – e o capricho em sua realização.

Além da produção de desenhos por parte dos alunos, a apreciação coletiva dos trabalhos também é importante para o desenvolvimento das habilidades de representação. Sempre que aparecer um recurso novo ou uma ideia interessante trazida por algum aluno, vale a pena partilhar com o grupo e incentivar os alunos a se ajudarem mutuamente na busca de soluções para o desafio das representações.

4 Como trabalhar com a temática indígena?

Um dos grandes desafios dos professores de História dos anos iniciais do Ensino Fundamental é abordar os temas das populações indígenas e afro-brasileiras introduzidos recentemente em nossos currículos e ainda pouco trabalhados na formação dos professores, inclusive dos especialistas em História.

Durante muito tempo, até os anos 1980, os índios foram vistos na escola como "outros", cuja cultura seria estudada por meio da valorização das diferenças identificadas como "exóticas". O estudo dessas populações se fazia, geralmente, em função da história da colônia e da conquista do território pelos portugueses, reforçando a visão de que esses povos são "perdedores" e que seriam, em algum momento, definitivamente aculturados ou extintos.

Desde a publicação dos Parâmetros Curriculares Nacionais, no final dos anos de 1990, a situação começou a mudar. Os dados levantados pelo IBGE nas últimas décadas indicam um aumento das populações indígenas e enfatizam a existência de centenas de povos diferentes e mais de uma centena de línguas faladas no Brasil. Há hoje, no país, uma valorização dessas culturas e uma preocupação evidente em torná-las conhecidas aos estudantes da escola básica.

A primeira questão que se coloca quando tratamos de índios é a da *identidade cultural*. Afinal, à primeira vista é isso que diferencia índios de não índios. O trabalho com os alunos dos anos iniciais da escola ganha maior sentido quando buscamos reconhecer o compartilhamento cultural que torna, tanto índios quanto não índios, brasileiros que, apesar de suas diferenças, têm uma história comum e são partes de uma mesma nação.

Para começar, precisamos analisar o uso do termo "índio". Atualmente, encontramos no Brasil 235 povos indígenas, falantes de mais de 180 línguas. Em nosso território, temos 677 terras indígenas que abrigam milhares de aldeias onde vive a maior parte dessa população. Segundo o Censo IBGE 2010, a população total dos povos indígenas brasileiros é de 817.963 pessoas, o que corresponde a 0,42% da população do País. Desse total, 502.783 vivem em áreas rurais e 315.180 vivem em cidades.[4]

No passado, esses números eram bem maiores. Estima-se que no século XVI, quando os europeus chegaram ao território que daria origem ao Brasil, viviam por aqui mais de 1.000 povos, que somavam entre 2 e 4 milhões de pessoas.

Terras indígenas

O texto constitucional trata de forma destacada este tema, apresentando, no parágrafo 1º do artigo 231, o conceito de terras tradicionalmente ocupadas pelos índios, definidas como sendo: aquelas "por eles habitadas em caráter permanente, as utilizadas para suas atividades produtivas, as imprescindíveis à preservação dos recursos ambientais necessários a seu bem-estar e as necessárias a sua reprodução física e cultural, segundo seus usos, costumes e tradições".

Terras que, segundo o inciso XI do artigo 20 da Constituição Federal, "são bens da União" e que, pelo §4º do art. 231, são "inalienáveis e indisponíveis e os direitos sobre elas imprescritíveis".

---

4 Os dados completos sobre a população brasileira e sua composição por cor e raça podem ser obtidos no site do IBGE. Disponível em: <http://www.ibge.gov.br/home/estatistica/populacao/censo2010/resultados_pre-liminares/preliminar_tab_uf_zip.shtm>. Acesso em: 25 set. 2011.

Embora os índios detenham a posse permanente e o "usufruto exclusivo das riquezas do solo, dos rios e dos lagos" existentes em suas terras, conforme o parágrafo 2º do Art. 231 da Constituição, elas constituem patrimônio da União. E, como bens públicos de uso especial, as terras indígenas, além de inalienáveis e indisponíveis, não podem ser objeto de utilização de qualquer espécie por outros que não os próprios índios. ■

Fonte: Funai. O que é terra indígena. Disponível em: <http://www.funai.gov.br/indios/terras/conteudo.htm#oqueetrraindígena>. Acesso em 12/fev. 2012

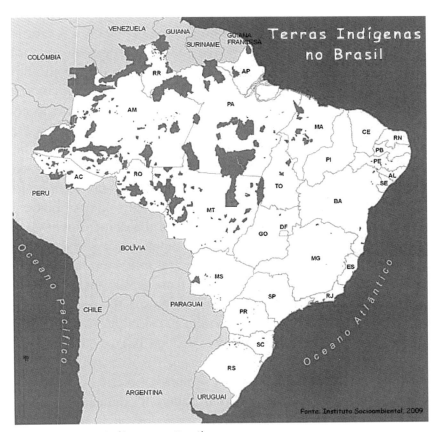

Figura 4.1 Terras indígenas no Brasil
Fonte: Instituto Socioambiental. Disponível em: <http://img.socioambiental.org/v/publico/pibmirim/onde-vivem/> Acesso em 12 fev. 2012

Outro grande desafio para a escola é levar os alunos a reconhecerem a diversidade cultural desses povos e diferenciá-los. O termo "índio" durante muito tempo definiu uma concepção de homogeneidade que desconsiderava as identidades culturais dos diferentes povos. Conhecer tantos povos e reconhecer à riqueza da diversidade cultural que eles representam é um dos primeiros passos no trabalho a ser desenvolvido com os alunos. A consideração de Pedro Paulo Funari e Ana Piñon (2011, p.18) sobre o termo "índio" pode ser de grande ajuda para esse reconhecimento:

"Os índios foram, assim, designados por seus conquistadores, pois nunca se chamaram a si mesmos dessa forma antes de 1492. Como se chamavam, então? De milhares de maneiras, cada povo a seu modo, com nomes que podiam significar simplesmente "seres humanos", por oposição aos outros grupos. O caso dos tupiniquins e tupinambás dá uma ideia dessas autodenominações. "tupi" significa "o ancestral", e então "os descendentes do ancestral" são os tupinambás ("nambá" quer dizer descendente), enquanto "tupinanki" (o nome original dos tupiniquins quer dizer "o galho do ancestral", em que "galho" possui sentido de ligações de parentesco. Pode parecer muito banal, mas o mesmo processo de nomeação ocorre em outros povos, ainda que não tenhamos consciência do sentido das palavras. Assim como tupi é ancestral, Abraão quer dizer em hebraico justamente, ancestral! "guarani" significa "guerreiro", nome apropriado para um grupo humano que se valoriza, assim como "inca" na língua quíchua significa "senhor". Podiam ser "bons na caça aos caranguejjos", como os guajajaras. Nem sempre sabemos como um povo chamava a si mesmo, mas podemos conhecer como descreviam outro povo, como no caso dos "guarulhos", "os barrigudos", ou os "nhambiquaras", "orelhas furadas".

Figura 4.2 Índios guajajara do Maranhão
Fonte: Portal da Cultura do Maranhão. Disponível em:<http://www.cultura.ma.gov.br/portal/sede/index.php?page=noticia_extend&loc=cphna&id=20>. Acesso em: 12 fev. 2012

Figura 4.3 Mulheres do povo nambikwara, que vive no Estado do Amazonas
Fonte: Instituto Socioambiental. Disponível em:<http://pib.socioambiental.org/pt/povo/nambikwara/print>. Acesso em: 12 fev. 2012

O trabalho do professor pode ser muito facilitado quando parte da proposta de levar o aluno a reconhecer na cultura dos povos indígenas a sua própria cultura. Para esse reconhecimento, uma possibilidade de aproximação é a identificação de traços das culturas indígenas em nossa própria cultura por meio da observação de hábitos cotidianos, alimentação, vocabulário etc.

Uma boa estratégia para a valorização das semelhanças que nos aproximam dos povos indígenas é o reconhecimento de palavras de origem tupi usadas em nosso dia a dia. A identificação de lugares, alimentos, plantas, animais e ações (verbos) expressos nessas palavras nos permite perceber uma rede de influências da cultura tupi sofridas pela língua portuguesa falada no Brasil e presentes na cultura brasileira hoje.

Vejamos alguns exemplos sugeridos pelo Museu da Língua Portuguesa:

Palavras em Tupinambá usadas para nomear lugares, serras e rios

Aratuípe	"no rio dos caranguejos"
Comandatuba	"feijoal"
Jacareí	"rios dos jacarés"
Jundiaí	"rio dos bagres"
Pavuna	"lagoa escura"
Paraíba	"rio ruim"
Sergipe	"no rio dos siris"
Una	"rio preto"
Araraquara	"formigueiros de arará"
Boraceia	"dança"
Butantã	"chão duro"
Caraguatatuba	"gravatazal"
Itaim	"pedrinhas"
Ipiranga	"rio vermelho"
Itaquaquecetuba	"lugar onde há muita taquara-faca"
Jabaquara	"esconderijo de fugitivos"
Jaguariúna	"rio preto das onças"
Moji-Mirim	"rio pequeno das cobras"
Piracicaba	"lugar aonde chegam os peixes"
Paranapiacaba	"mirante do mar, lugar onde se vê o mar"
Ubatuba	"lugar onde há muita cana para flechas"

Palavras em Tupinambá usadas para nomear animais e plantas

Aves	jacu, urubu, seriema
Insetos	saúva, pium
Peixes	baiacu, traira, piaba, parati, lambari, piranha
Répteis	jararaca, sucuri, jabuti, jacaré, jiboia
Outros animais	tamanduá, capivara, jacaré, sagui, jabuti, quati, paca, cutia, siri, tatu, arara
Frutas	abacaxi, cajá, mangaba, jenipapo, maracujá
Árvores	copaíba, embaúba, jacarandá, jatobá

Tabela 3 Quadros de significados

Palavra em Português	Significado em Português	Palavra em Tupinambá	Significado em Tupinambá
Pixaim	Cabelo, crespo	Apixa'im	Crespo, enrugado
Socar	Bater, pilar	Sók	Pilar, bater com ponta
Cutucar	Tocar em outra pessoa para chamar-lhe atenção	Kutúk	Tocar com objeto pontiagudo, ferir
Pipoca	Grão de milho estourado	Pípóka	Pele estourada
Caatinga	Região árida no nordeste brasileiro	Ka'átínga	Mato branco
Capim	Mato	Kapi'í	Erva
Tocaia	Vigia, espreita	Tokáia	Cabana em que o caçador espreita a caça

Fonte: Museu da Língua Portuguesa

Uma das estratégias de trabalho com os alunos pode ser a identificação das palavras que fazem parte de seu vocabulário. Algumas dessas palavras são usadas em todo o país, outras nomeiam lugares e animais em determinadas regiões e é muito comum que a origem tupi desses termos seja recebida com surpresa pelos alunos. O sentido das palavras na língua tupi também pode ser explorado e comparado ao sentido que damos hoje a elas em nosso uso. Como os povos indígenas de origem tupi usavam essas palavras? Como nós as usamos? Ao perceber que usamos muitas dessas palavras com o mesmo sentido dado a elas pela língua tupi, os alunos são chamados a refletir sobre as influências culturais que recebemos dos povos nativos do Brasil.

4.1 Traços de cultura

Algumas possibilidades de aproximação das culturas indígenas se oferecem por meio da identificação de semelhanças e diferenças em aspectos do modo de vida, sobretudo no que se refere à experiência das crianças: composição familiar, nomeação, formas de aprender, práticas religiosas, festividades. Ao se fazer a caracterização da infância em diferentes comunidades indígenas e a comparação com a infância vivida e conhecida pelos alunos, abre-se outra possibilidade de identificação cultural que permite reconhecer os índios pelas semelhanças.

Um dos desafios do professor é trabalhar sempre na perspectiva da diversidade cultural dos povos indígenas, considerando as diferenças entre os povos. As características do modo de vida trazidas para a sala de aula devem sempre ser identificadas com um povo ou uma comunidade específica. Afinal, vale lembrar que se há muita diversidade cultural entre os povos indígenas, ela também existe entre os brasileiros não indígenas. Há diferenças regionais, religiosas, de origem étnica provocadas pela imigração, de classe social. Na perspectiva da diversidade, a identificação de quem é aquele de quem estamos tratando torna-se central.

O trabalho proposto aos alunos deve estar baseado em dados reais e sempre referenciados em determinado povo. O ponto inicial da conversa deve ser sempre a referência ao povo ao qual a narrativa ou a situação apresentadas se referem. Ao evitar o termo "índio" e valorizar a referência aos diferentes povos, o professor já está referenciando o trabalho na perspectiva da diversidade cultural.

A referência específica a cada povo indígena possibilita o desenvolvimento de um trabalho comparativo entre os povos, por meio do qual se identificam semelhanças e diferenças no modo de vida deles. A cada novo caso trazido para a sala de aula, as situações estudadas anteriormente são retomadas, de modo que as características do modo de vida sejam comparadas e as semelhanças e diferenças no modo de vida possam ser percebidas e evidenciadas pelos alunos.

Alguns exemplos de diferenças podem ser explorados por meio do estudo das formas de organização espacial das aldeias, por exemplo. Há povos cujas casas são organizadas em torno de um pátio circular, onde as festas são realizadas. Há outras cujas casas grandes são habitadas por famílias extensas. Diante dessa diversidade, a comparação com os costumes nos quais o aluno está inserido pode ser proposta por meio do questionamento: como a comunidade onde o aluno está inserido organiza suas casas?

A antropóloga Sylvia Caiuby Novaes (1983, p. 4), ao introduzir seu belo livro sobre habitações indígenas, faz um relato de sua experiência com crianças do povo Bororo que pode nos ajudar a pensar no trabalho a ser desenvolvido nos anos iniciais da escola:

> "Todas as vezes que eu ia fazer pesquisa de campo entre os bororo, levava lápis e papel e pedia às crianças que desenhassem o que quisessem. Além de animais – macacos, antas, jabotis – os mais frequentes eram desenhos que representavam o círculo de casas da aldeia, com a casa dos homens no centro. O interessante a ser observado é que as crianças bororo (ao contrário das "nossas crianças") jamais desenhavam uma única casa isolada, e sim um conjunto delas, formando a aldeia.
>
> Estive em todas as aldeias Bororo e em apenas uma delas – na aldeia do meruri – o inverso ocorreu, e não poderia ser de outra forma. há oitenta anos os bororo do meruri vêm sendo catequizados pelos missionários salesianos. A tradicional aldeia circular, com casas de palha, foi, no meruri, substituída por casas de alvenaria dispostas em duas ruas, de modo a formar um ele. Não há aí a casa dos homens e as atividades comunitárias se resumem quase que exclusivamente àquelas patrocinadas pela missão: missas, terço, filmes, bingo.
>
> Nunca obtive no meruri um desenho infantil que retratasse a aldeia tradicional. Havia apenas desenhos de casas isoladas, ou de igrejas."

O relato da antropóloga nos remete à percepção de que as crianças desenvolvem sua "casa" a partir de seu universo cultural. As diferenças observadas na percepção das crianças de aldeias do mesmo povo cujas trajetórias históricas foram distintas nos indica a importância de pensar o universo dos povos indígenas – e de todos os outros povos... – considerando as transformações sofridas por meio dos contatos estabelecidos com outros agentes sociais, com outros grupos culturais. O relato pode nos ajudar a pensar tanto nas diferenças existentes entre a concepção de "casa" entre crianças de culturas diferentes, quanto nas diferenças que ocorrem também entre crianças originárias do mesmo povo, que compartilham a mesma tradição, mas cujas histórias foram diferentes em determinado momento.

Figura 4.4 Aldeia bororo
Fonte: Instituto Socioambiental. Disponível em: <http://pib.socioambiental.org/pt/povo/nambikwara/print>. Acesso em 12 fev. 2012.

Figura 4.5 Imagem aérea da aldeia yawalapiti, no Alto Xingu. Foto de André Villas-Bôas
Fonte: PIX 50 Anos. Disponível em: <http://xingu50anos.org/?paged=3>. Acesso em: 12 fev. 2012

Mais uma vez, Sylvia Caiuby Novaes (1983, p.8) pode nos ajudar a pensar nessas diferenças. Ao apresentar a diversidade de formas de organização espacial entre nove diferentes povos estudados, ela conclui:

"O importante a notar é que cada sociedade adotou uma solução específica quanto à sua adaptação ao meio ambiente. Nos vários artigos [da coletânea apresentada] vemos que algumas sociedades, apesar de terem seu território em regiões muito próximas (como os Wayana e os Waiãpi) e às vezes até vizinhas (como os Xavante e os Bororo), concebem o espaço a ser habitado de forma absolutamente distinta.

O que há de comum, em todas essas sociedades, é o fato de que a organização espacial reflete uma concepção de sociedade que é, nitidamente, igualitária. Além desse fato, há pouco de comum entre elas; se as regiões habitadas são semelhantes em termos ecológicos, isto não significa que haverá soluções idênticas em termos de organização espacial. E não poderia ser de outra forma, uma vez que o espaço habitado e a concepção que o engendra são frutos de toda uma concepção de mundo, que é única para cada povo."

Outros exemplos de diversidade podem ser explorados por meio das formas tradicionais de pintura corporal ou das festividades coletivas de diferentes povos. As pinturas geométricas dos xikrin são muito diferentes do costume caiapó de tingir todo o corpo com urucum ou genipapo e a exploração de imagens, sobretudo com os alunos menores, pode ser muito rica para a identificação dessas diferenças e o levantamento das perguntas que podem levar à busca de suas respectivas explicações.

Figura 4.6 O povo mehinaku vive no Parque Nacional do Xingu (MT)
Fonte: Construir notícias. Disponível em: <http://www.construirnoticias.com.br/asp/materia.asp?id=1359>. Acesso em 12 fev. 2012

Figura 4.7 Índios do povo karajá que vive no estado de Tocantins
Fonte: FUNAI. Disponível em: <http://www.funai.gov.br/indios/jogos/4o_jogos/karaja01.htm>. Acesso em: 12 fev. 2012

Figura 4.8 Índios do povo xavante que vive no Parque Nacional do Xingu
Fonte: Instituto Socioambiental. Disponível em: <http://pib.socioambiental.org/pt/povo/xavante/print>. Acesso em: 12 fev. 2012

Ao propor a comparação, é importante trabalhar com a organização das perguntas que levam à busca do conhecimento. Somente constatar que as pinturas corporais são diferentes não nos leva à compreensão das culturas desses povos. Deve-se trabalhar com os alunos o sentido dessas pinturas, seu uso ritual e sua forma tradicional, buscando fugir da compreensão de senso comum de que os índios se pintam porque são primitivos. É sempre interessante levar o aluno a pensar em sua própria cultura e identificar os momentos em que ele próprio pinta seu corpo em festas – festas juninas ou carnaval, por exemplo – o uso que se faz de adornos corporais como brincos, colares, pulseiras, lenços etc. por homens e mulheres e as ocasiões em que se pode observar esse costume de "enfeitar-se" entre os povos não índios. Essa comparação ajuda muito a compreender a importância de se conhecer o sentido dos traços culturais do outro, diferente de nós.

Muitos antropólogos têm realizado estudos sobre as formas de representação das sociedades indígenas por meio dos objetos, sobretudo a cestaria, a arte plumária e a cerâmica. Segundo esses estudos, os padrões de confecção desses objetos – matéria-prima, traços de decoração, combinação de cores – indicam a existência de sistemas representativos das relações sociais, da identidade étnica do povo e de concepções de mundo. A arte é uma das formas de transmitir referências sobre a vida em sociedade: o sexo, a idade, o grau de parentesco, a filiação familiar e também sobre o mundo não social: a natureza e o sobrenatural.

Um exemplo dessas formas de representação pode ser visto por meio do estudo sobre a cestaria dos munduruku do sul do Pará (VAN VELTHEM, 1994, p. 89):

> "Um dos mais importantes trançados é o cesto cargueiro itiú. Confeccionado com palha de tucumã, recebe reforço de cordéis de caroá e alça de envira. Confeccionado pelo homem e oferecido à esposa ou filha solteira, é usado no transporte de produtos da roça, de lenha, de frutos silvestres, dos apetrechos familiares em viagem. É um elemento imprescindível na vida cotidiana mundurukú na qual preenche outra função, pois veicula, esteticamente, mensagens sobre a organização social.

> Todos os itiú são semelhantes, o que os diferencia são os motivos decorativos e a alça de sustentação. Esses dois elementos se complementam e informam sobre o lugar que ocupa, na sociedade munduruku, o confeccionador e a usuária do cesto. (...)
>
> Os motivos decorativos são aplicados pelos homens na face externa do cesto pronto. Utilizam atualmente pigmentos vermelhos à base de urucum e tracejam o motivo com a ponta dos dedos. Esses motivos são genericamente designados como kuráp "desenho, pintura" e informam sobre o clã patrilinear ao qual pertence o artista. A alça é feita pelas mulheres, de entrecasca branca ou vermelha. Essa cor indica a metade exogâmica à qual a mulher pertence: ipakökáyne, "vermelhos" ou iritiánye, "brancos". Essas metades regulam os casamentos e compartilham características de reciprocidade, rivalidade (...). O itiú de alça vermelha informa, portanto, que a dona pertence à metade "vermelha" e concomitantemente esclarece que seu marido pertence à metade "branca", confirmada pela pintura do cesto."

Um exercício interessante que pode ser feito com os alunos é pensar nas formas de representação de nosso lugar social que reconhecemos em nossa cultura. O uso de adornos corporais, que indicam a religião da pessoa, pode ser tomado como um exemplo. Símbolos como crucifixos, estrelas de David, patuás e colares de contas coloridas são frequentemente encontrados nos pescoços dos brasileiros. Outros sinais podem ser pensados a partir das formas de vestir: o uso de saias longas, turbantes, véus também são indicadores de pertencimento a grupos religiosos específicos, bem como o uso de ternos, macacões, uniformes escolares também indicam a ocupação das pessoas e permitem um reconhecimento desses papéis sociais à distância.

Outro aspecto que precisa ser considerado nesse trabalho com os alunos dos anos iniciais da escola é o reconhecimento da presença desses povos indígenas em nossa sociedade. Em seus documentos, a FUNAI faz uma importante consideração sobre o caráter dinâmico das culturas indígenas.

"Qualquer grupo social humano elabora e constitui um universo completo de conhecimentos integrados, com fortes ligações com o meio em que vive e se desenvolve. Entendendo cultura como o conjunto de respostas que uma determinada sociedade humana dá às experiências por ela vivida e aos desafios que encontra ao longo do tempo, percebe-se o quanto as diferentes culturas são dinâmicas e estão em contínuo processo de transformação.

O Brasil possui uma imensa diversidade étnica e linguística, estando entre as maiores do mundo. São cerca de 220 povos indígenas, mais de 70 grupos de índios isolados, sobre os quais ainda não há informações objetivas. 180 línguas, pelo menos, são faladas pelos membros destas sociedades, que pertencem a mais de 30 famílias linguísticas diferentes.

No entanto, é importante frisar que as variadas culturas das sociedades indígenas modificam-se constantemente e reelaboram-se com o passar do tempo, como a cultura de qualquer outra sociedade humana. E é preciso considerar que isto aconteceria mesmo que não houvesse ocorrido o contato com as sociedades de origem europeia e africana.

No que diz respeito à identidade étnica, as mudanças ocorridas em várias sociedades indígenas, como o fato de falarem português, vestirem roupas iguais às dos outros membros da sociedade nacional com que estão em contato, utilizarem modernas tecnologias (como câmeras de vídeo, máquinas fotográficas e aparelhos de fax), não fazem com que percam sua identidade étnica e deixem de ser indígenas.

A diversidade cultural pode ser enfocada tanto sob o ponto de vista das diferenças existentes entre as sociedades indígenas e as não indígenas, quanto sob o ponto de vista das diferenças entre as muitas sociedades indígenas que vivem no Brasil. Mas está sempre relacionada ao contato entre realidades socioculturais diferentes e à necessidade de convívio entre elas, especialmente em um país pluriétnico, como é o caso do Brasil.

É necessário reconhecer e valorizar a identidade étnica específica de cada uma das sociedades indígenas, compreender suas línguas e suas formas tradicionais de organização social, de ocupação da terra e de uso dos recursos naturais. Isto significa o respeito pelos direitos coletivos especiais de cada uma delas e a busca do convívio pacífico, por meio de um intercâmbio cultural, com as diferentes etnias.[5]"

5 Fonte: FUNAI. Disponível em: <http://www.funai.gov.br>. Acesso em: 25 set. 2011.

FUNAI

A Fundação Nacional do Índio é o órgão do Governo Federal responsável pela política indigenista brasileira, visando à proteção e promoção dos direitos dos povos indígenas, como determina a Constituição Federal de 1988. A FUNAI deve promover políticas de desenvolvimento sustentável das populações indígenas, bem como monitorar as terras indígenas regularizadas e também aquelas ocupadas por populações indígenas, incluindo as isoladas e de recente contato. Também ficam a cargo desse órgão federal as ações de coordenar e implementar as políticas de proteção aos grupos isolados e recém-contatados e implementar medidas de vigilância, fiscalização e de prevenção de conflitos em terras indígenas. ■

Fonte: FUNAI. Disponível em: http://www.funai.gov.br>. Acesso em 12 fev.. 2012.

Alguns exemplos podem concretizar um pouco essas ideias. Nos últimos anos muita coisa foi publicada sobre os costumes e a infância de povos indígenas no Brasil. Daniel Munduruku escreveu vários livros sobre a cultura de seu povo, por meio dos quais podemos conhecer seus hábitos cotidianos, as histórias que são contadas para as crianças, as características da infância, a configuração das aldeias e outros aspectos.

Vejamos um exemplo, relacionado ao cotidiano das crianças, que nos possibilita trabalhar com a ideia de cultura viva, em transformação, e que nos permite reconhecer semelhanças e diferenças ao compararmos os hábitos do povo munduruku e outros costumes encontrados no Brasil. Nesse trecho, Daniel Munduruku se refere às formas de aprender das crianças na comunidade.

Jogos e brincadeiras

Lá existe escola.

Nas aldeias munduruku existe escola há um bom tempo. As crianças vão às aulas em um período do dia. Aprendem a ler e a escrever: em português e em munduruku!!! Bárbaro, não? (...)[6]

Na comunidade indígena, não há muita diferença entre aprender e brincar. As crianças aprendem brincando e brincam aprendendo. Desde pequenas elas acompanham as atividades dos pais e aprendem a fazer as coisas que irão ajudá-las mais tarde a sobreviver: plantar, pescar, caçar e colher frutos. Mas não pensem que elas ficam anotando tudo. Na verdade, elas aprendem repetindo a ação dos pais.

Nos intervalos das atividades com os adultos, as crianças da mesma idade reúnem-se para um gostoso bate-papo, um banho no rio ou a pesca com as pequenas varas que elas mesmas fazem. Algumas vezes aventuram-se a passear de canoa ou a subir nas árvores para brincar de imitar bichos – uma de suas brincadeiras preferidas.

As meninas índias quase sempre acompanham a mãe e as irmãs mais velhas. Também elas vão aprender observando o que as adultas fazem: plantar e colher mandioca e macaxeira, fazer farinha, carregar água, preparar alimentos; (...).

Lá existe escola?

---

6 Fonte: MUNDURUKU, Daniel. As serpentes que roubaram a noite e outros mitos. São Paulo: Editora Fundação Peirópolis. p. 50-51.

Figura 4.9 Crianças e jovens do povo munduruku da aldeia Juará (MT)
Fonte: Wuy Jugu. Disponível em: <http://marcelomanhuari.blogspot.com/2010/05/aldeia-munduruku-juara-mt.html>. Acesso em: 12 fev. 2012.

Figura 4.10 Escola da aldeia munduruku Aramirã (AP)
Fonte: Mundurukando. Disponível em: <http://danielmunduruku.blogspot.com/2011/09/amapa-inaugura-escola-indigena-com.html>. Acesso em: 12 fev. 2012.

A exploração das formas tradicionais de aprender do povo munduruku, nas quais a distinção entre brincar e aprender não existe, nos permite uma aproximação com o conhecimento da cultura desse povo. Entretanto, ao mencionar a escola e o tipo de aprendizagem que se faz nesse espaço, o autor nos possibilita a exploração das semelhanças existentes entre as culturas indígenas e não indígenas e também as transformações sofridas pela comunidade indígena no contato com outras culturas. O povo munduruku educa suas crianças para a manutenção de suas tradições e também para o aprendizado da língua portuguesa.

Entre os índios paiteres-suruís, uma experiência realizada em uma escola de Cacoal (RO) resultou na criação de uma forma escrita para a língua do povo que até então existia somente na forma oral. O relato dessa experiência – que recebeu em 2008 o prêmio Professores do Brasil promovido pelo MEC – reforça a ideia de que as culturas indígenas são vivas e se transformam como todas as outras culturas, tanto para incorporar novidades, quanto para manter suas características tradicionais.

Paiter: falado e escrito

Os índios paiteres-suruís são um grupo nômade, com aldeias em Mato Grosso e Rondônia. Escolarizados, os mais jovens e os líderes da comunidade aprendem a falar e escrever em português. Mas, entre si, continuam se comunicando na língua de seus antepassados, o paiter. Como na maioria dos povos indígenas, não havia até 2006, entre essa etnia, escrita que representasse o que se fala. A história e a cultura do povo eram transmitidas apenas oralmente. Porém, com a mobilização da comunidade, de associações indígenas, de especialistas da Universidade de Brasília (UnB) e da Fundação Nacional do Índio (Funai), o paiter ganhou um alfabeto e regras gramaticais. Nasceu uma língua. Um dos palcos desse processo foi uma sala de aula. Seu protagonista, um professor indígena.

Morador da zona rural de Cacoal, a 485 quilômetros de Porto Velho, Joaton Suruí participou da iniciativa que, entre

2006 e 2007, tornou possível registrar a escrita paiter. Com a orientação de linguistas e antropólogos, ele participou de oficinas que resultaram nas normas e no alfabeto da língua. Fim de papo? Não. "Uma língua escrita sem uso é uma língua morta", ensina o professor. "Para que o paiter não morresse logo após ter nascido, senti a necessidade de mostrar às crianças sua utilidade."

Como não havia nada escrito em paiter nas aldeias – nenhum panfleto, placa de rua, jornal ou revista –, a escola passou a ser o principal caminho para a disseminação do registro da língua. Joaton tomou as rédeas desse processo. Lecionando para uma turma multisseriada do 6º ao 9º ano da EIEEF Sertanista José do Carmo Santana, ele desenvolveu um projeto para ensinar a nova escrita com seus 13 alunos – todos indígenas como ele.

A forma escolhida foi a confecção de um livro, escrito e ilustrado pelos estudantes. "Eles ficaram ansiosos com a responsabilidade. E com razão: quando "for lançado, o livro será o primeiro publicado em nossa língua materna".

Figura 4.11 Escola na aldeia Lapetanha do povo paiter suruí
Fonte: Instituto Socioambiental. Disponível em: <http://img.socioambiental.org/d/226001-1/paiter_24.jpg>. Acesso em: 12 fev. 2012.

---

7 Fonte: REVISTA Escola. Disponível em: <http://revistaescola.abril.com.br/lingua-portuguesa> Acesso em: 6 nov. 2011.

Sugestões de leituras que podem ser realizadas com os alunos

MUNDURUKU, Daniel. **Coisas de índio**. São Paulo: Callis, 2003.

GUARINELLO, Norberto. **Os primeiros habitantes do Brasil**. São Paulo: Atual, 1994.

MUNDURUKU, Daniel. **Histórias de índio**. São Paulo: Companhia das Letrinhas, 1996.

MUNDURUKU, Daniel. **Kabá Darebu**. São Paulo: Brinque-Book, 2002.

MUNDURUKU, Daniel. **As serpentes que roubaram a noite e outros mitos**. São Paulo: Peirópolis, 2001.

PATAXÓ, Angthichay. **O povo pataxó e suas histórias**. São Paulo: Global, 2000.

SEREBURÃ; HIPRU; RUPAWÊ; SEREZABDI; SERENIMIRÃMI. **Wamrêmé za'ra mito e história do povo xavante - nossa palavra**. São Paulo: Senac, 1998.

GRUPIONI, Luís Donisete Benzi. **Viagem ao mundo indígena**. São Paulo: Berlendis & Vertecchia, 1997.

5 Como trabalhar com o tema da cultura afro-brasileira na sala de aula?

A obrigatoriedade de inclusão de História da Cultura Afro-Brasileira e Africana nos currículos da Educação Básica definida pela Lei nº 10.639, de 9 de janeiro de 2003, trouxe outro grande desafio aos professores da escola básica de todo o País.

O texto da lei pode ser tomado como ponto de partida para uma reflexão sobre o trabalho dos professores dos anos iniciais da escola básica. Ao explicitar a importância da valorização das culturas não europeias que convivem no Brasil, a própria lei nos oferece um caminho para o planejamento do trabalho com esses conteúdos:

> (...) Convivem, no Brasil, de maneira tensa, a cultura e o padrão estético negro e africano e um padrão estético e cultural branco europeu. Porém, a presença da cultura negra e o fato de 45% da população brasileira ser composta de negros (de acordo com o censo do IBGE) não têm sido suficientes para eliminar ideologias, desigualdades e estereótipos racistas. Ainda persiste em nosso país um imaginário étnico-racial que privilegia a brancura e valoriza principalmente as raízes europeias da sua cultura, ignorando ou pouco valorizando as outras, que são a indígena, a africana e a asiática.
>
> (...) A relevância do estudo de temas decorrentes da história e cultura afro-brasileira e africana não se restringe à

população negra, ao contrário, diz respeito a todos os brasileiros, uma vez que devem educar-se enquanto cidadãos atuantes no seio de uma sociedade multicultural e pluriétnica, capazes de construir uma nação democrática.

É importante destacar que não se trata de mudar um foco etnocêntrico marcadamente de raiz europeia por um africano, mas de ampliar o foco dos currículos escolares para a diversidade cultural, racial, social e econômica brasileira. Nesta perspectiva, cabe às escolas incluir no contexto dos estudos e atividades, que proporciona diariamente, também as contribuições histórico-culturais dos povos indígenas e dos descendentes de asiáticos, além das de raiz africana e europeia (...).[8]

Também nesse caso, o trabalho pode ser iniciado a partir da identificação dos traços de cultura originários da África e das populações africanas que foram trazidas para o Brasil. E mais uma vez a língua portuguesa falada no Brasil nos oferece farto material de trabalho.

Podemos identificar palavras de origem africana entre nomes ligados a religião, família, brincadeiras, música e nossa vida cotidiana. Muitas palavras que nós usamos vieram das línguas faladas pelos povos bantos, que habitavam o litoral da África. Alguns exemplos são "bagunça", "cachimbo", "curinga", "dengo", "fubá", "gangorra", "macaco", "moleque", "quitanda". Outras palavras como "acarajé", "gogó", "jabá" vieram de diferentes línguas como o fon e o ioruba, faladas pelos jejes e os nagôs. Essas e muitas outras palavras passaram a fazer parte do nosso vocabulário e foram incorporadas à nossa cultura.

Ao reconhecer as palavras de origem africana presentes em seu vocabulário, os alunos vão construindo uma identidade cultural na qual as tradições africanas passam a ser reconhecidas como suas, com as demais tradições culturais que compõem a

---

8 Fonte: Universidade Estadual de Londrina. Disponível em: <http://www.uel.br/projetos/leafro/pages/arquivos/DCN-s%20-%20Educacao%20das%20Relacoes%20Etnico-Raciais.pdf>. Acesso em: 21 out. 2011.

cultura brasileira. Outras palavras podem ser exploradas, como "bafafá", "batucada", "berimbau", "cachaça", "caçula", "cangaço", "corcunda", "cuíca", "dendê", "fuxico", "quitute", "quiabo", "samba", "senzala" e "zabumba".

A exploração do significado de muitas dessas palavras nos remete às influências das culturas na formação da cultura brasileira. Ao nomear alimentos ou instrumentos musicais cuja origem é a África, esses vocábulos nos ajudam a reconhecer o papel desempenhado pelos povos africanos na formação histórica do Brasil. Algumas de nossas tradições culinárias regionais, por exemplo, estão profundamente marcadas pelo uso de temperos e alimentos de origem africana, como as pimentas, o dendê, o quiabo. Muitas de nossas tradições culturais estão marcadas por instrumentos de percussão originários da África que também identificamos nesse levantamento das palavras.

O fotógrafo francês Pierre Verger fez diversas viagens ao Brasil e à África, onde registrou imagens de pessoas em diferentes situações. Ao comparar essas imagens[9] podemos identificar diversas semelhanças que nos remetem a costumes comuns e aos ancestrais africanos de boa parte da população brasileira. Vestimentas, instrumentos musicais como tambores e berimbau, o preparo do acarajé, danças coletivas e rituais religiosos, além de práticas de trabalho coletivo, são alguns dos aspectos que podem ser explorados com os alunos na observação das imagens registradas pelo fotógrafo.

5.1 A população brasileira e a África

O reconhecimento das matrizes étnicas que formaram a população brasileira ao longo de nossa história deve ser um dos norteadores do trabalho desenvolvido junto aos alunos dos anos iniciais do Ensino Fundamental. A classificação usada pelo IBGE para a caracterização de nossa população nos dá uma boa indica-

---

9 Disponíveis na internet para consulta no site da Fundação Pierre Verger: <http://www.pierreverger.org> Acesso em 12 fev. 2012.

ção dessa composição e pode ser explorada tanto em sua composição nacional, quanto em suas composições regionais.

Os resultados do Censo 2010 do IBGE, que indicam a composição da população brasileira pelo critério de "cor ou raça", constituem um material importante para o trabalho de caracterização das matrizes culturais e étnicas da população brasileira atual.

A identificação de nossas relações profundas com as populações africanas fica evidente quando observamos que mais de 75 milhões de brasileiros se declaram "pretos" ou "pardos", como podemos ver na tabela.

Tabela 4 Censo Demográfico - 2000 - Resultados da Amostra	
População residente, por cor ou raça, segundo a situação do domicílio e os grupos de idade – Brasil	
Total	169.872.856
Branca	91.298.042
Preta	10.554.336
Amarela	761.583
Parda	65.318.092
Indígena	734.127
Sem declaração	1.206.675

Feito esse reconhecimento das culturas africanas em nossa própria cultura, é importante trabalhar com a imagem da África, buscando valorizar a diversidade de povos e culturas que convivem em um imenso continente e falam milhares de línguas. O trabalho desenvolvido com os alunos deve também considerar a antiguidade da história dos povos africanos, sobretudo daqueles que foram trazidos para o Brasil na condição de escravos entre os séculos XVI e XIX, diferenciando essas histórias para caracterizar os diversos povos e as diferentes matrizes culturais originárias da África que reconhecemos em nossa própria história de brasileiros.

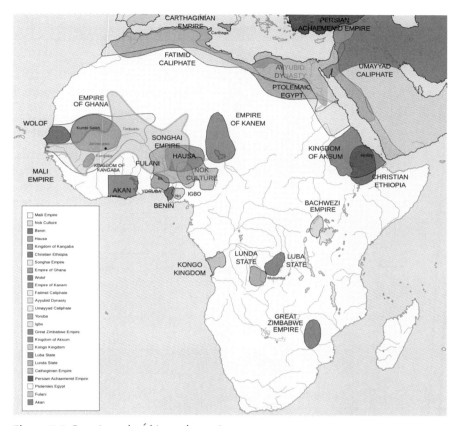

Figura 5.1 Os reinos da África sub-saariana
Fonte: http://pt.wikipedia.org/wiki/Ficheiro:African-civilizations-map-pre-colonial.svg
Acesso em 12 fev. 2012

O desafio do professor ao trabalhar com a história dos povos africanos é semelhante àquele que encontra com relação aos povos indígenas. É preciso buscar a diferenciação dos povos e considerar sua historicidade: os povos africanos não foram sempre escravos no Brasil e é justamente a história que antecede ao tráfico negreiro que nos permite diferenciá-los e valorizar as suas diferentes identidades culturais.

As tabelas a seguir nos ajudam a pensar nessa diversidade de povos e culturas presentes na história do continente africano, diretamente relacionados ao tráfico de escravos que os trouxe para o Brasil.

Tabela 5 Os reinos sudaneses

Reinos	Época	Povos	Principais produtos comercializados
Gana	sec. IV-XIII	soninquês, diulas	ouro, tecidos, noz-de-cola
Mali	sec. XIII-XV	maliquês, queitas, mandingas	ouro
Songai	sec. XV-XVI	songais	agrícolas (arroz, sorgo, milhete, ouro, escravos)
Tacrur	sec. IX-XIV	sereres, tucolores, fulas	escravos

Fonte: MATTOS, Regiane Augusto de. História e cultura afro-brasileira. São Paulo: Contexto, 2008. p. 30,42, 54.

Tabela 6 Os estados da floresta tropical

Estados	Época	Povos	Principais produtos comercializados
Bono	sec. XIII	acãs	ouro
Ifé	sec. VI	edo, ibo, nupe, ijó, igala, ioruba	ouro, merfim, noz-de-cola, escravos
Benin	sec. XII-XIV	edos	pimentas de rabo, anileiras e algodão
Oió	sec. XV	iorubás	couro
-	-	nupes (tapas)	ferro, cola, vidro
Idah	-	igalas	agrícolas
Ijebu-Ode, Idowa, Ijebu-Igbo, Owo-Ikeja	-	ijebus	metais preciosos, escravos, tecidos (pano da costa)
-	-	egbas,ibos	objetos em bronze, ferro, cobre, contas em pedra e vidro

Fonte: MATTOS, Regiane Augusto de. História e cultura afro-brasileira. São Paulo: Contexto, 2008. p. 30,42, 54.

Tabela 7 Reinos da África centro-ocidental			
Reinos	Época	Povos	Principais produtos comercializados
Luba e Lunda	sec. XIII	lubas, lundas	agrícolas
Congo	sec. XIV-XV	congos	agrícolas, sal, tecidos de algodão e de ráfia, zimbo
Loango	sec. XIV	vilis	agrícolas, sal, panos de ráfia, cobre
Tios	sec. XIV	tios (teques ou angicos)	agrícolas
Andongo	sec. XVI	ambundos (subgrupo andongo)	agrícolas (milhete, sorgo) ferro e sal
Libolo	sec. XVI	ovimbundo	agrícolas

Fonte: MATTOS, Regiane Augusto de. História e cultura afro-brasileira. São Paulo: Contexto, 2008. p. 30,42, 54.

A leitura dos quadros nos permite observar que esses povos se dedicavam a diversas atividades, dentre as quais se destacam a agricultura de gêneros distintos e a metalurgia. O que havia de comum entre eles era a prática do comércio, que ao longo de milhares de anos promoveu o contato entre povos distintos, originários de diferentes regiões do imenso continente africano.

A importância da oralidade

(...) Alguns ofícios existentes nas sociedades africanas estão relacionados à tradição oral, a um conhecimento sagrado, a ser revelado e transmitido para as futuras gerações; é o caso dos ferreiros, carpinteiros, tecelões, caçadores e agricultores. Os mestres que realizam essas atividades fazem-no ao mesmo tempo em que entoam cantos ou palavras ritmadas e gestos que representam o ato da criação.

Os *griots* ou animadores públicos também são tradicionalistas responsáveis pela história, música, poesia e contos. Exitem *griots* músicos, tocadores de instrumentos, compositores e cantores, os *griots* embaixadores, mediadores em caso de desentendimento entre as famílias, e os *griots* historiadores, poetas e genealogistas, estes são os contadores de história. Nem todos os *griots* têm o compromisso com a verdade como os demais tradicionalistas. A eles é permitido inventar e embelezar as histórias.

O aprendizado de um tradicionalista ocorre nas escolas de iniciação e no seio familiar, no qual o pai, a mãe e os parentes mais velhos também são responsáveis pelos ensinamentos, por meio de suas próprias experiências, lendas, fábulas, provérbios e mitos sobre a criação do mundo, o papel do homem no Universo, a existência do mundo dos vivos e dos mortos. ■

Fonte: MATTOS, Regiane Augusto de. História e cultura afro-brasileira. São Paulo: Contexto, 2008. p. 19.

5.2 O tráfico de escravos para o Brasil

O reconhecimento de uma cultura afro-brasileira no conjunto da cultura brasileira nos remete ao passado colonial, quando Brasil e África estiveram fortemente ligados por um intenso comércio baseado, sobretudo, no tráfico de escravos. Milhões de africanos, originários de diversos povos, foram trazidos para o Brasil na condição de escravos destinados ao trabalho na grande lavoura exportadora e nas minas de ouro e diamantes descobertas e exploradas ao longo do século XVIII.

Entre os séculos XVI e XIX, homens, mulheres e crianças foram embarcados à força em portos africanos para uma longa e perigosa travessia que os trouxe ao Brasil. As narrativas sobre os horrores da travessia nos porões dos navios negreiros e a violência da escravidão estão presentes em todos os livros didáticos de História, mas as informações sobre esses povos e suas histórias anteriores à escravidão ainda são escassas e representam um grande desafio para o professor de História.

O trabalho com imagens da África pode se apresentar ao professor como um caminho rico para a apresentação da diversidade e das heranças culturais africanas presentes no Brasil aos alunos dos anos iniciais do Ensino Fundamental. Ao valorizar as questões que levam à caracterização do modo de vida, o trabalho possibilita uma aproximação com o universo cultural desses povos que, embora tivessem modos de vida muito distintos do nosso – até porque viveram em outros tempos – deixaram marcas profundas e visíveis em nossa cultura.

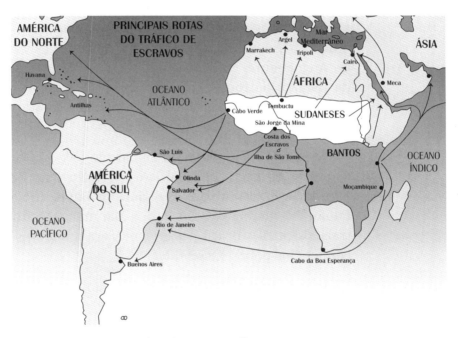

Figura 5.2 As rotas do tráfico de escravos africanos
Fonte: Mapa de Flávio de Campos e Miriam Dolhnikoff

O mapa do tráfico de escravos oferece muitas informações sobre essas relações comerciais que envolveram o Brasil e a África durante três séculos. Por meio do mapa, podemos identificar as regiões onde os escravos eram embarcados e para onde eram levados. É interessante observar que os africanos não foram escravizados exclusivamente no Brasil, o que pode ser identificado nas diferentes rotas de tráfico representadas no mapa.

O trabalho com o tempo histórico também oferece boa oportunidade de trabalho com os alunos para a identificação das culturas africanas presentes no Brasil. Durante o século XVI, a maioria dos escravos era originária da chamada Costa da Guiné, onde atualmente encontramos o Senegal, Gâmbia, Guiné-Bissau, Guiné e Serra Leoa. Ao chegar ao Brasil, eram desembarcados principalmente nas capitanias de Pernambuco e da Bahia.

No século XVII, o tráfico passou a ser feito principalmente na região de Angola, onde hoje se localizam o Gabão, a Guiné Equatorial e Angola. A chamada Costa da Mina, que atualmente compreende a Costa do Marfim, Gana, Togo, Benin, Nigéria e Camarões, também foi uma importante região de embarque de escravos nesse século. Chegando ao Brasil, os escravos originários de Angola eram desembarcados nas áreas produtoras de açúcar da Bahia e do Rio Grande do Norte, bem como no Maranhão e aqueles originários da Costa da Mina eram levados para Pernambuco, Alagoas, Bahia e Rio de Janeiro.

No século XVIII, além do embarque feito em Angola, também os portos de Lagos na Nigéria e Porto-Novo no Benim passaram a fornecer escravos para as regiões da Bahia, Rio de Janeiro, São Paulo, Pernambuco, Grão-Pará e Maranhão. Muitos dos escravos trazidos para o Brasil nessa época eram adeptos do islamismo, conhecidos por aqui como Malês.

Artistas europeus do século XIX, ao retratar os escravos que observaram em diferentes regiões do País e, sobretudo, no Rio de Janeiro, buscaram caracterizar as diferenças entre os povos. Por meio das imagens feitas por Rugendas, podemos explorar, com os alunos, as diferenças nos traços do rosto.

Os retratos de Debret valorizam as tradições de tatuagem e penteados característicos dos diferentes povos, o que nos permite identificar as diferenças culturais existentes entre os povos que foram escravizados para o trabalho no Brasil.

O trabalho com essas características culturais pode ser ampliado por meio de pesquisas específicas sobre esses povos e suas tradições culturais, sobretudo aquelas que têm manifestações também no Brasil. Um exemplo rico para o trabalho com os alunos dos anos iniciais da escola são as congadas, encontradas em diversas festas populares em diferentes regiões do Brasil.

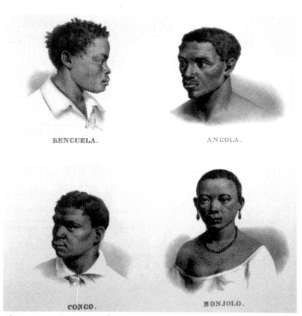

Figura 5.3 Retratos feitos por Johan Moritz Rugendas, publicados na década de 1830
Fonte: Biblioteca Nacional Digital

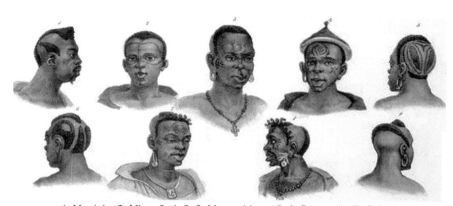

1. Monjolo; 2. Mina; 3, 4, 8, 9. Moçambique; 5, 6. Benguela; 7. Calava
Figura 5.4 Retratos feitos por Jean-Baptiste Debret publicados na década de 1830
Fonte: Biblioteca Nacional Digital

Temos notícias de congadas que remetem ao século XVII, quando se fazia uma cerimônia de coroação do rei e da rainha do Congo na igreja de Nossa Senhora do Rosário, em Recife. Essas festas tradicionais foram observadas em todo território brasileiro durante o período colonial e continuaram a ser feitas ao longo dos séculos XIX e XX, ganhando formas específicas nas diferentes regiões do país. De maneira geral, as congadas eram uma forma de manutenção dos vínculos culturais dos escravos com suas raízes africanas. Ao celebrar a coroação dos reis do Congo, as memórias da África eram valorizadas e a identidade cultural com as origens ancestrais era reiterada.

A coroação era seguida de um grande cortejo, onde os reis recém-escolhidos e sua corte desfilavam pelas ruas e eram seguidos e festejados pela comunidade. Ainda hoje encontramos essas festas por todo o Brasil: Congada, Moçambique e Maracatu. As imagens registradas pelos artistas Carlos Julião (século XVIII) e Rugendas (século XIX) nos dão boas referências para conhecer a tradição que ainda reconhecemos em nossas festas populares.

Figura 5.5 Coroação de uma rainha negra nos festejos de Reis. Ilustração de Carlos Julião, 1767
Fonte: Coleção da Fundação Biblioteca Nacional

Figura 5.6 Festa de Nossa Senhora do Rosário, patrona dos negros.
Ilustração de Johan Moritz Rugendas, 1835
Fonte: Acervo da Biblioteca Nacional, Rio de Janeiro

Sugestões de leituras que podem ser realizadas com os alunos

BARBOSA, Rogério Andrade. **Contos africanos para crianças brasileiras**. São Paulo: Edições Paulinas, 2004.

BARBOSA, Rogério Andrade. **Histórias africanas para contar e recontar**. Ilustrado por Graça Lima. São Paulo: Editora do Brasil, 2001.

BARBOSA, Rogério Andrade. **Outros contos africanos para crianças brasileiras**. São Paulo: Edições Paulinas, 2006.

LIMA, Heloísa Pires. **Histórias da preta**. São Paulo: Companhia das Letrinhas, 1998.

LIMA, Heloísa Pires; GNEKA, Georges; LEMOS, Mário. **A semente que veio da África**. São Paulo: Salamandra, 2005.

LOTITO, Iza. **O herói de Damião em A descoberta da capoeira**. São Paulo: Editora Girafinha, 2006.

LUSTOSA, Isabel. **A história dos escravos**. São Paulo: Companhia das Letrinhas, 1998.

PRANDI, Reginaldo. **Oxumarê, o Arco-Íris**. São Paulo: Companhia das Letrinhas, 2004.

PRANDI, Reginaldo. **Ifá, o adivinho**. São Paulo: Companhia das Letrinhas, 2002.

SELLIER, Marie. **A África, meu pequeno Chaka...** São Paulo: Companhia das Letrinhas, 2006.

ALVES, Cristina Lavrador. **Os dez gigantes**. Reconto Africano. São Paulo: Ed. Aquariana, 2011.

6 Considerações finais

O professor polivalente enfrenta em seu trabalho cotidiano grandes desafios para o ensino de conteúdos muito diferentes. Muitas vezes, parece difícil, sobretudo ao professor iniciante, identificar com clareza quais são os objetivos de cada uma das áreas, e definir as estratégias para o trabalho em sala de aula. Outro grande desafio reside na condução do grupo de alunos, muitas vezes numeroso e heterogêneo em suas condições de aprendizagem, tanto no que se refere à proposição das atividades quanto com relação à condição de acompanhamento do desenvolvimento de cada aluno em suas aprendizagens.

Um dos segredos do desenvolvimento do trabalho docente reside no planejamento. Quando temos os objetivos bem definidos e fazemos um planejamento de nosso trabalho que nos leve na direção desses objetivos, torna-se mais possível vencer esses desafios e passamos a criar estratégias novas.

Muitas vezes, o que nos sugere as estratégias de trabalho são as perguntas de nossos alunos, as colocações que fazem em sala de aula na busca da compreensão dos conteúdos com os quais trabalhamos. Por isso considero tão importante ouvi-los e promover situações didáticas em que os alunos se coloquem, debatam ideias, compartilhem a compreensão que tiveram das leituras que fizeram, dos filmes que assistiram, daquilo que ouviram.

Com esse livro, espero ter contribuído para que os professores de História dos anos iniciais do Ensino Fundamental possam pensar em seu trabalho com mais referências conceituais e metodológicas. Afinal, a complexa e desafiadora tarefa de ensinar é também uma tarefa prazerosa, sobretudo quando as respostas de aprendizagem de nossos alunos nos satisfazem. ■

Referências bibliográficas

ARAÚJO, Kelly Cristina. **Áfricas no Brasil**. São Paulo: Scipione, 2003.

BARBOSA, Rogério Andrade. **Contos africanos para crianças brasileiras**. São Paulo: Edições Paulinas, 2004.

BARBOSA, Rogério Andrade. **Outros contos africanos para crianças brasileiras**. São Paulo: Edições Paulinas, 2006.

UNICEF. **Bebês do Brasil**: fotos e histórias de 27 crianças que mostram a cara do Brasil. Unicef, Crescer. São Paulo: Globo, 2007.

BITTENCOURT, Circe Maria Fernandes. **Ensino de História**: fundamentos e métodos. São Paulo: Cortez, 2011

BRENTANI, Gerda. **Eu me lembro**. São Paulo: Companhia das Letrinhas, 2001.

BUSCH, Ana; VILELA, Caio. **Um mundo de crianças**. São Paulo: Panda Books, 2007.

CALDEIRA, Jorge. **Brasil: a história contada por quem viu**. São Paulo: Mameluco, 2008.

CARRETERO, Mario. **Construtivismo e educação**. Porto Alegre: Artes Médicas, 1997.

COLL, C. et al. **O construtivismo na sala de aula.** São Paulo: Ática, 1997.

DEL PRIORE, Mary; VENÂNCIO, Renato Pinto. **Ancestrais**: uma introdução à história da África Atlântica. Rio de Janeiro: Elsevier, 2004.

DEBRET, Jean Baptiste.**Viagem Pitoresca e histórica ao Brasil**. Belo Horizonte: Editora Itatiaia Limitada; São Paulo: Edusp, Editora da Universidade de Sao Paulo, 1989

FREIRE, PAULO. **A importância do ato de ler**. São Paulo: Cortez, 1993.

FUNARI, Pedro Paulo; PIÑON, Ana. **A temática indígena na escola**: subsídios para os professores. São Paulo: Contexto, 2011

GRUPIONI, Luís Donizete Benzi (org). **Índios no Brasil**. Brasília: Ministério da Educação e do Desporto, 1994.

KARNAL, Leandro (org). **História na sala de aula** – conceitos práticas e propostas. São Paulo: Contexto, 2003.

KINDESRLEY, Barnabas; KINDESRLEY, Anabel. **Crianças como você**. São Paulo: Ática, 2000.

LIMA, Heloísa Pires. **Histórias da preta**. São Paulo: Companhia das Letrinhas, 1998.

LIMA, Heloísa Pires; GNEKA, Georges; LEMOS, Mário. **A semente que veio da África**. São Paulo: Salamandra, 2005

LOPES, Ana Lucia; GALAS, Maria da Betânia. **Uma visita ao museu afro Brasil**. São Paulo: Museu Afro Brasil, 2006.

LOTITO, Iza. **O herói de Damião** em **A descoberta da capoeira**. São Paulo: Editora Girafinha 2006.

LUSTOSA, Isabel. **A história dos escravos**. São Paulo: Companhia das Letrinhas, 1998.

MATTOS, Regiane Augusto de. **História e cultura afro-brasileira**. São Paulo: Contexto, 2008.

MONTEIRO, John. **Negros da Terra**. São Paulo: Companhia das Letras, 1994.

MOURA, Clovis. **Dicionário da escravidão negra no Brasil**. São Paulo: Edusp, 2004.

MUNDURUKU, Daniel. **As serpentes que roubaram a noite e outros mitos**. Rio de Janeiro: Ed. Fundação Petrópolis, 2001.

MUNDURUKU, Daniel. **Coisas de índio**. São Paulo: Callis, 2000.

NOVAES, Sylvia Caiuby (org). **Habitações indígenas**. São Paulo: Nobel/Edusp, 1983.

Referências bibliográficas 109

PATAXÓ, Angthichay et al. **O povo pataxó e suas histórias**. 4. ed. São Paulo: Global, 2000.

PAULA, Eunice Dias de; PAULA, Luiz Gouvea de; AMARANTE, Elizabeth. **História dos povos indígenas**: 500 anos de luta no Brasil. 6. ed. Petrópolis: Vozes, 1993.

PRANDI, Reginaldo. **Oxumarê, o arco-íris**. São Paulo: Companhia das Letrinhas, 2004

PRANDI, Reginaldo. **Ifá, o adivinho**. São Paulo: Companhia das Letrinhas, 2002.

RIBEIRO, Darcy. **O povo brasileiro**. São Paulo: Companhia das Letras, 1995.

RUGENDAS, Johann Moritz. **Viagem Pitoresca através do Brasil**. Belo Horizonte: Editora Itatiaia Limitada; São Paulo: Edusp, Editora da Universidade de Sao Paulo, 1979

SANTA ROSA, Nereide S. **Etnias e cultura**. São Paulo: Moderna, 2004.

SANTA ROSA, Nereide Schilaro. **Brinquedos e brincadeiras**. São Paulo: Moderna, 2001.

SANTA ROSA, Nereide Schilaro. **Festas e tradições**. São Paulo: Moderna, 2002.

SANTA ROSA, Nereide Schilaro. **Usos e costumes**. São Paulo: Moderna, 2002.

SELLIER, Marie. **A África, meu pequeno Chaka**... São Paulo: Companhia das Letrinhas, 2006.

SEREBURÃ; HIPRU; RUPAWÊ; SEREZABDI; SERENIMIRÃMI. **Wamrêmé za'ra mito e história do povo xavante – nossa palavra**. São Paulo: Senac, 1998.

SILVA, Aracy Lopes; MACEDO, Ana Vera Lopes da Silva; NUNES, Angela (orgs.). **Crianças indígenas**: ensaios antropológicos. São Paulo: Global, 2002.

SILVA, Kalina Vanderlei; SILVA, Maciel Henrique. **Dicionário de conceitos históricos**. São Paulo: Contexto, 2005.

SMITH, Penny. **Escolas como a sua**: um passeio pelas escolas ao redor do mundo. São Paulo: Ática, 2008.

SOLÉ, Isabel. **Estratégias de leitura**. Porto Alegre: Artmed, 1998.

SOUZA, Marina de Mello e. **África e Brasil africano**. São Paulo: Ática, 2006.

STADEN, Hans. **Duas viagens ao Brasil**. Belo Horizonte, Ed. Itatiaia; São Paulo: Editora da Universidade de São Paulo, 1974.

VYGOTSKY, Lev Semenovitch. **Pensamento e linguagem**. São Paulo: Martins Fontes, 1989.

ZABALA, Antoni. **A prática educativa**. Porto Alegre: Artmed, 1998.

Sites consultados

Construir notícias. Disponível em: <http://www.construirnoticias. com.br/asp/materia.asp?id=1359>. Acesso em: 12 fev. 2012.

Fórum Latino-Americano de Fotografia de São Paulo. Disponível em: <http://www.forumfoto.org.br/pt/tag/carlos-carvalho/>. Acesso em: 29 nov. 2011.

FUNAI. Jogos dos povos indígenas. Disponível em: <http://www. funai.gov.br/indios/jogos/4o_jogos/karaja01.htm>. Acesso em: 12 fev. 2012

FUNAI. Terras indígenas. Disponível em: <HTTP://www.funai.gov. br/indios/terras/conteudo.htm#oqueetrraindígena>. Acesso em: 12 fev. 2012

Fundação Pierre Verger: <http://www.pierreverger.org>. Acesso em: 12 fev. 2012

IBGE. Brasil: 500 anos de povoamento. Disponível em: <http://www. ibge.gov.br/brasil500/index2.html>. Acesso em: 4 maio 2007

IBGE. Censo 2010. Disponível em: <http://www.ibge.gov.br/home/ estatistica/populacao/censo2010/resultados_preliminares/preliminar_tab_uf_zip.shtm>. Acesso em: 25 set. 2011

Portal da Cultura do Maranhão. Disponível em: <http:// www.cultura.ma.gov.br/portal/sede/index.php?page=noticia_ extend&loc=cphna&id=20>. Acesso em: 12 fev. 2012

Portal do professor MEC. DIsponível em: <http://tvescola.mec. gov.br/images/stories/download_aulas_pdf/Sala/sala_o_lampiao. pdf>. Acesso em 12 fev. 2012.

Impressão e acabamento:

tel.: 25226368